Dietrich Steinwede
Hirten und Könige

Dietrich Steinwede

Hirten und Könige

Bilder, Geschichten, Meditationen zur Weihnacht

BENZIGER

Die Deutsche Bibliothek – CIP-Einheitsaufnahme

Steinwede, Dietrich:
Hirten und Könige : Bilder, Geschichten, Meditationen zur Weihnacht /
Dietrich Steinwede. – Düsseldorf; Zürich : Benziger, 2001
ISBN 3-545-20226-7

© 2001 Patmos Verlag GmbH & Co. KG
Benziger Verlag, Düsseldorf und Zürich
Alle Rechte, einschließlich derjenigen des auszugsweisen Abdrucks sowie
der fotomechanischen und elektronischen Wiedergabe, vorbehalten.
Umschlag: Graphik Design Reckels & Schneider-Reckels unter Verwendung
des Ausschnittes *Anbetung der Hirten* aus: *Geburt Christi* von Robert Campin, um 1420.
Satz: Fotosatz Moers, Mönchengladbach
Druck und Bindung: Grafo S. A., E-Basauri
ISBN 3-545-20226-7
www.patmos.de

Inhalt

»Zu einem Kind, im Stalle geboren, wird gebetet. Näher, niedriger, heimlicher kann kein Blick in die Höhe umgebrochen werden« (Ernst Bloch). Das gilt. Aber es gilt auch der Blick in die Höhe. Hirten auf Betlehems Feldern haben ihn getan, als sie erschauderten im Glanze der Lichtherrlichkeit Gottes. Und Magier im Osten, Astronomen und Astrologen (Sterndeuter) haben ihn getan, als sie der von ihnen berechneten und gedeuteten großen Sternkonjunktion nachzogen, um im Lande der Juden den neugeborenen Endzeitherrscher aufzufinden. Beiden, Hirten wie Magiern, ward auf unterschiedliche Weise der Himmel aufgetan. Beiden wurde das Licht zum Faszinosum. Beide erblickten einen Weg, machten sich auf, kamen an und neigten sich vor dem König, dem Gott, der ein Kind armer Leute war. Und plötzlich waren sie von Grund auf verändert. Davon handelt dieses Buch in Bildern all der christlichen Jahrhunderte, in legendären Geschichten und Gedichten, poetisch, in hoher Kunst ebenso wie in volkstümlicher Schlichtheit, immer aber transparent für die ›Botschaft des Friedens, voll Freude und Trost‹.

Mit ihnen läßt sich Weihnachten feiern, mit Hirten, die sich aus ihrer Niedrigkeit herausgeholt sehen, die laufen, den Heiland zu sehen, mit Magiern, die »ihren Karren an den Stern binden« (Leonardo da Vinci), die suchend, fragend und erkennend unterwegs sind zum Kind ihres Sternes: mit Hirten und Magiern, die beide vor dem Gotteskind zu Gottes Kindern werden.

Traumgeschichten, traumhafte Bilder fangen uns ein, »Zeugnisse legendärer Wirklichkeit« (Martin Buber). Und so träumen wir denn, selbst Gottes Kinder. Und wir hören, wir entscheiden, wir brechen auf, wir sind unterwegs. Und wir greifen nach dem Stern – und wir finden den Menschen, finden das Kind. Und wir machen es wie die Hirten: Wir fürchten uns nicht. Wir gehen und werden selbst zum Licht.

Eins ist gewiß: All das, was seit 2000 Jahren in Texten, seit 1700 Jahren in Bildern geschah, es wird zu immer neuen Legenden, zu immer neuen Bildern führen, solange denn Menschen, liebend einander zugewandt, da sind, die sich als Hirten, als Weise bekennen zum Stern, zum Licht, zum Kind von Betlehem.

Winter wird sein. Große glänzende Engel, die den Schnee nicht streifen, aber so hoch wie die Himmel sind, werden sich zu horchenden Hirten neigen und ihnen singen von dem Märchenkinde in Betlehem. Viele Engel, Nachfolger jenes Einen, der mit seiner runden vollen Laute vor Maria stand, ihr die Botschaft singend und sie liebkosend mit seiner kommenden Stimme. Viele Engel, viele verkündende, werden in den Himmeln stehen und werden zu Klarheit und Glanz in diesen Himmeln. Und unten bei ihren Füßen werden Bäume und Menschen sein. Gebückte Menschen und massige dunkle Bäume. Und die Stimme der Engel wird kommen zu den Ohren der Menschen, welche gebückt und in Bürden sind. Sie wird sie umgeben wie Wind und wird die Kleider aufreißen über ihrem Herzen. Und wird sie taumeln machen und niederwerfen und aufheben. Und wird sie bewegen, wie sie noch nie sich bewegt gefühlt haben, wird sie aufwühlen wie Meere und füllen wie Abgründe. Wird sie mitreißen und fortnehmen von Herden und Heimaten und wird sie lassen einsam auf Inseln stehn und blühen und Frucht tragen lassen auf entlegenen Inseln. Und wird sie bringen in große Sterbeängste auf schwankenden Schiffen und in Hütten, über denen Gewitter gehn. Und wird sie retten vom Rande der täglichen Tode und wird sie bewahren vor dem Untergang, damit Augen da wären, von denen angeschaut das goldene Märchenkind sich entfalten könne. Und wird ihre Augen führen zum Anblick. Und ihr Angesicht vor ein Angesicht stellen. Und ihre Hände vor eine fürstliche Dürftigkeit führen und ihre Füße über weiches strahliges Stroh. Und wird empfangen nach aller Wanderschaft mit Balsam und Bergkristall. Und wird ihren Staub löschen, so daß ihre Kleider wieder klar werden. Und wird Verwirrung ordnen und sondern, und den Stab, warm aus ihren Händen, zu einem Fruchtbaum machen und zu einem Schattenbaum über der Wiege der Welt.
Rainer Maria Rilke (Tagebuch 29. 9. 1900)

Noch sind keine Engel am Himmel. Benozzo Gozzoli, Freskomaler der toskanischen Frührenaissance in Florenz, zeigt in diesen Seitenszenen zum Zug der drei Könige in zwei tiefgestaffelten stilisierten Landschaften mit Felsformationen, Bäumen und einem stahlblauen, bewölkten Himmel vier in sich gekehrte, tief nachdenkliche Hirten, drei stehend mit ihrem Stock, der vierte, den Kopf in die Hand gestützt, sich über einen Fels lehnend. Hirten, Hunde, Schafe, der Ochse der Weihnacht links, der Esel rechts – alles wie erstarrt. Das Marien-Evangelium des Jacobus (150 n. Chr.) spricht von einer kosmischen Stille in der Weihnachtsnacht, in der angesichts des unglaublichen Mysteriums der Geburt des Gottesknaben für einen Augenblick alles stockte – vom Himmelsgewölbe über die Vögel des Himmels, über die Schafe bis hin zu den Stäben in der Hand der Hirten –, ehe es entzückt, wie in einem universalen Neufrühling, in eine neue dynamische Bewegung geriet. Was wird kommen?

Große glänzende Engel, so Rilke, werden sich den horchenden Hirten zeigen. Und deren Augen werden geführt zum Anblick. Und die Stäbe in ihren Händen werden zu Fruchtbäumen werden …

Hirten auf dem Feld von Benozzo Gozzoli (1420–1497), Schmalseiten zur Apsis über Seitentüren. Aus: Zug der Heiligen Drei Könige (1459–1461). Freskomalerei. Florenz, Familienkapelle im Palazzo Medici-Ricardi.

Die palästinensischen Hirten der Zeitenwende waren – anders als in den Zeiten des Hirten und späteren Königs David 1000 Jahre zuvor – sozial diskreditiert, außerhalb des Gesetzes (outlaws!), arm, elend, verachtet. Gottfried Unterdörfer läßt sie in seinem Gedicht ›Die Hirten‹ sagen: »Das war ein Hundeleben nachtein, tagaus im Feld. Da wuchsen keine Reben, da brachte Diebstahl Geld.« Ganz ähnlich Peter Huchel in ›Die Hirtenstrophe‹: »Wir hatten nichts als unsern Stock, kein Schaf, kein eigen Land, geflickt und fasrig war der Rock, nachts keine warme Wand.« Natürlich hatten auch diese Menschen ihre Sehnsüchte. Peter Huchel lapidar: »Die Erde aufgeteilt gerecht, wir hätten's gern gesehn.«

Die palästinensischen Hirten der Zeitenwende waren Nomaden. Der Theologe Jörg Zink hat unter heutigen Steppen- und Wüstennomaden gelebt, hat ihren Alltag genau beobachtet: Sie folgen mit ihrem Kleinvieh den uralten Gesetzen des Weidewechsels (mal auf kargem Steppenboden, mal auf abgeernteten Äckern). Ihre Sinne (Sehen, Hören, Riechen) sind ungemein fein ausgebildet; sie erkennen jedes Tier an seiner Stimme; sie gehen Spuren, die andern völlig verborgen bleiben, mühelos nach; sie riechen jeden kleinen Rest Wasser einen halben Meter unter dem Sand. Jörg Zink sieht sie mit Sinnesorganen ausgestattet, für die Natur und Übernatur eins sind. »So ist es sinnvoll«, schreibt er, »daß sie bei Lukas in der Rolle von Menschen erscheinen, die unter dem nächtlichen Himmel Worte hören und Erscheinungen wahrnehmen, die wir für Märchen halten müssen. Sie stehen da als Menschen, die sich einer Wirklichkeit öffnen, die für andere unerreichbar, verborgen bleibt.

Wer je mit Nomaden im Sand unter freiem Himmel nächtigte, versteht, warum für sie der Himmel der Ort Gottes ist und nicht die Erde, warum für sie der kreisende Sternhimmel soviel maßgebender ist als die ruhende, schlafende Erde, warum ihre Aufmerksamkeit von jeher dem galt, was vom Himmel her geschieht, wenn er sich ihnen ›öffnet‹.«

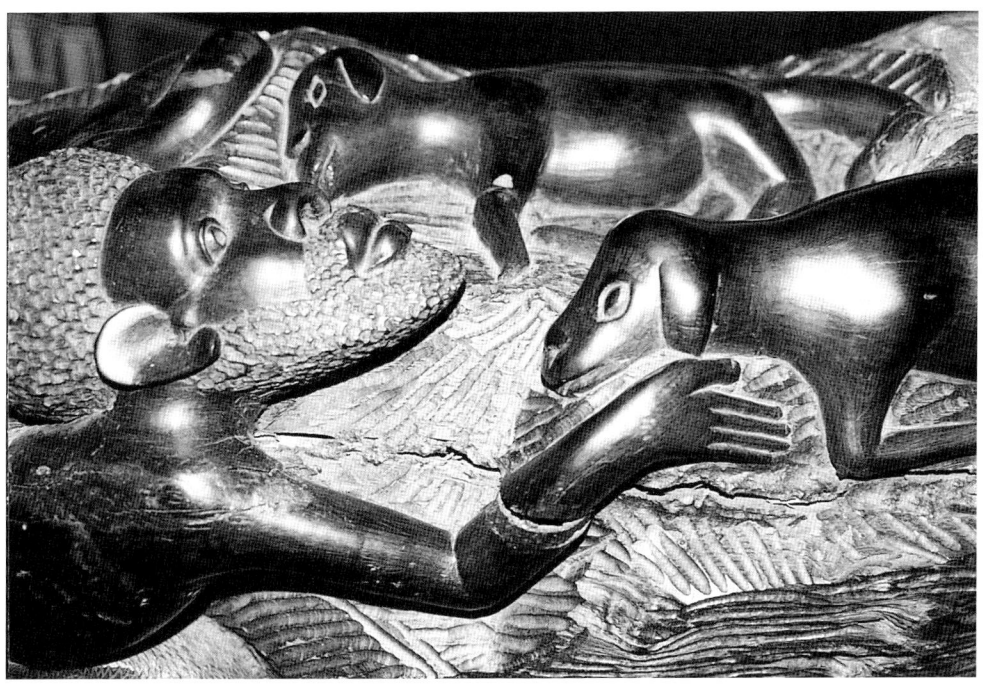

Hirt bei seinen Schafen. Makonde-Krippe. Ebenholz. Ausschnitt. St. Augustin bei Bonn,
Haus Völker und Kulturen.

Das arme afrikanische Volk der Makonde im südlichen Tansania und nördlichen Mosambik verfügt über eine große schöpferische Kraft, die sich seit jeher in Ebenholz-Bildschnitzereien, seit der Missionierung durch belgische Benediktiner auch christlichen Inhaltes, ausdrückt. Diese rhythmisch machtvoll bewegte Kunst hat in ihrer expressiven Kraft – nicht zuletzt durch die großen figurenreichen, zumeist aus einem Stamm geschnitzten Weihnachtskrippen – weltweit Beachtung erlangt.

Hirt, du bei Gras und Stein, laß mich dein Bruder sein.
Will stehen auf dem Feld, an deinen Stab gestellt.
Will trinken aus dem Krug Mühsal der Welt genug.
Will essen von dem Brot der Erde Lot um Lot.
Rudolf Otto Wiemer

»Da kam ein Engel der Herrn zu ihnen, und die Herrlichkeit des Herrn umstrahlte sie, und sie fürchteten sich sehr.« (Lukas 2,9)

Das hat man Kindern erzählt, erlebnisstark, die ihnen eigene Phantasie freisetzend. Und ein Kind hat hier geantwortet und gemalt. Ohne Angst und ohne in der Kraft nachzulassen, bewältigt es, einem unbewußten Kompositionsgesetz folgend, die Fläche. Was ihm wichtig erscheint, malt es groß. Und es malt in einem unbeirrbar sicheren Gebrauch der Farben.

Der riesige, der ungeheuerliche Engel der Verkündigung fährt herein, füllt fast den halben Bildraum. Und die von ihm ausgehende Macht der Lichtherrlichkeit Gottes versetzt die Hirten in Panik und Schrecken. »Und sie fürchteten sich sehr!«

Und das Kind malt es. Es malt Erschrecken. Das Licht, das vom Kopf des Engels ausgeht, trifft den ersten und den zweiten Hirten unmittelbar. Der erste ist in die Knie gefallen und bedeckt mit beiden Händen sein Gesicht. Er kann das Licht nicht aushalten. Der zweite reißt die Arme auseinander, eine Hand im Flügel des Engels, die andere im Gottesglanz. Dieser Hirte ist, den Kopf zum Boden hin, rückwärts heruntergerissen. Der dritte aber wird von der Gewalt des mächtigen Flügels beinahe erschlagen. Auch er versucht, das Gesicht in den Händen zu verbergen. Wie in den Erdboden gedrückt sind alle drei. Sonst nichts, keine Schafe, nur der blaue Himmel mit fünf Sternen. Und eben diese Ungeheuerlichkeit des Engels in seinem schwarzgerandeten Gelb. Im Fluge über die Hirten hinweg ruft er ihnen dennoch – Auge und geöffneter Mund machen es deutlich – die Botschaft zu: »Euch ist heute der Retter geboren!«

Das Kind malt, was es innerlich anschaut. In ureigener Sprache, in ureigener Kraft. Das Kind ist einbezogen in sein Bild. Es ist darin ›aufgehoben‹. Als gestalthaftes Echo des Wortes ist sein Bild ein Credo. Erwachsene, die zu sehen vermögen, werden stumm vor solchen Bildern. »In jedem Kind, das geboren wird«, so hat man gesagt, »entsteht die Ursprache der Bilder mit all ihren Unsagbarkeiten von neuem.«

Und nicht nur das Malen, auch das Neuerzählen der Geschichte zeigt die schöpferische Kraft des Kindes. In dynamisch phantasievollen Worten hat die

Verkündigung an die Hirten. Deckfarben. Beate, im Alter von neun Jahren.

neunjährige Hiltrud die Textstelle nacherzählt. Und ihre Sprache wird poetisch und ist affektiv dem Bild ganz nahe: »Da, plötzlich war da ein mächtiger Engel. Feuer spuckte von ihm, nach allen Seiten. In einem Satz waren die Hirten auf und schlugen die Hände vors Gesicht und riefen mit zitternder Stimme: ›Wer bist du?‹ – ›Ich bin ein Engel vom Himmel und will euch eine Freude verkünden!‹ – Die Hirten sprangen ihn flehend an: ›Sage uns die große Botschaft!‹ Mit heller Stimme erwiderte der Engel: ›Geht in den Stall, wo Ochse und Esel sind. Ihr werdet dort den Erlöser finden, den ihr sucht, den alle Menschen suchen!‹«

»Wo man in Furcht und Schrecken steckt, da soll so herrliche, liebliche, süße Freude hinkommen, daß es ein menschlich Herz kaum ergreifen und annehmen kann.« (Martin Luther)

Aufschauende, vom Licht Geblendete sind die Hirten. So auch dieser eine in den Chorschranken der untergegangenen Kirche St. Maria ad gradus nahe dem Kölner Dom, einem Hauptwerk romanischer Skulptur in Deutschland. Eine kleine Schriftrolle in der Linken, zeigt der Engel – rauschend fährt er hernieder – mit der Rechten auf die Geburtsszene im nächsten Bogenfeld. Sein weitgespannter Flügel berührt fast den aufgerichteten Kopf des Schafes. Der Hirte legt die Hand über die Stirn, schaut aber doch, Staunen in den großen Augen, voll zu dem Engel auf. Beide Gesichter sind romanisch stilisiert – und doch wunderbar ausdrucksvoll.

Der Hirte ist der Lauschende. Der Engel, »eines jener Wesen, die den schweigenden Kosmos mit Sprache füllen« (Jörg Zink), der Sprechende. »Annuncio vobis gaudium maximum« – »Ich sage euch an große Freude«, spricht er im Mittelalter, da die Engel, bezeugt in vielen Bildern, Latein sprachen. Das könnte auch hier in den Stein gemeißelt sein. Luther sagt es im 16. Jahrhundert in Strophen seines schönsten Weihnachtsliedes (1535/43) anders. Sein Engel spricht:

»Vom Himmel hoch, da komm ich her. Ich bring euch gute neue Mär.
Der guten Mär bring ich soviel, davon ich singen und sagen will:
Euch ist ein Kindlein heut geborn, von einer Jungfrau auserkorn,
ein Kindelein so zart und fein, das soll eu'r Freud und Wonne sein.
Zu Betlehem in Davids Stadt, wie Micha das verkündet hat,
geboren ist der Herre Christ, der euer aller Heiland ist.
So merket nun das Zeichen recht: die Krippe, Windelein so schlecht,
da findet ihr das Kind gelegt, das alle Welt erhält und trägt.«

Den elenden Hirten ist das gesagt. Jochen Klepper weiß es:
»Die ersten Zeugen, die du suchtest, erschienen aller Hoffnung bar.
Voll Angst, als ob du ihnen fluchtest, und elend war die Hirtenschar.
Den Ärmsten auf verlass'nem Feld gabst du die Botschaft an die Welt.«

Hirte und Engel. ›Gustorfer Chorschranken‹. Köln um 1140/50.
Bonn, Rheinisches Landesmuseum.

Daß arme Hirten der Herden
von Engeln gerufen werden
– was heißt das bloß?
Lope de Vega

»Des ewgen Vaters einig Kind jetzt man in der Krippen find't. In unser armes Fleisch und Blut verkleidet sich das ewge Gut«, singt Martin Luther 1524. Das ist die Botschaft des Johannes, und sie ist identisch mit der Botschaft dieses Bildes aus der frühmittelalterlichen Buchmalerei.

Bei Johannes lesen wir: »Im Anfang war er, das Wort. Er war bei Gott und in allem Gott gleich. Er, ›das Wort‹ (der Logos), wurde ein Mensch, ein wirklicher Mensch von Fleisch und Blut. Und er nahm Wohnung unter uns. Und wir sahen seine Macht und Hoheit.« (Johannes 1,1.14)

Wir, das sind vor allen anderen die Hirten. Die christlichen Sibyllinen des 5. Jahrhunderts wissen es: »Das Kind ward den gottesfürchtigen Ochsen- und Ziegenhirten und den Hirten der Lämmer zuerst gezeigt, und Betlehem wurde gottgewählte Heimat des Logos genannt.«

Unser Bild zeigt es: Christus, der Logos – ein erwachsener Mensch mit Kreuznimbus (der Nimbus ist die Weihnachtssonne) –, liegt gewickelt (!) in der Kastenkrippe. Und jedem zu lesen hat es der Mönchsmaler (in mittelalterlicher Abkürzung) in die Krippe hineingeschrieben: ›Verbum caro factum est‹ – ›Das Wort ward Fleisch‹!

Und direkt über der Krippe, Leuchtzeichen der Ewigkeit, der riesige Weihnachtsstern! Und staunend-lobpreisend, in unglaublicher Dynamik herabstürzend, sechs Engel, ihre Flügelenden, ihre Füße noch im Bildrahmen, will heißen: in der anderen Welt. »Christus wurde den Engeln gezeigt«, lesen wir 1. Timotheus 3,16.

Und dann der machtvolle Himmelsbote der Verkündigung bei den drei Hirten rechts. Die drei scheinen sich die unfaßbare Botschaft gegenseitig zuzusprechen. Ihre Schafe aber, eng gedrängt, teils ihnen, teils der Krippe zugewandt, nehmen – wo findet sich etwas dergleichen sonst – staunend am Geschehen teil.

Das vordere Schaf berührt mit seinem Maul den direkt an der Krippe aufsteigenden Lebensbaum!

Der Himmel ist offen. Die Krippe ist voll der Herrlichkeit. Christus, das sichtbare Bild des unsichtbaren Gottes, leuchtet trotz der Todessymbolik des

Geburt Christi und Hirtenverkündigung. Bamberger Evangeliar aus Köln. 1. Drittel des 12. Jahrhunderts. Ausschnitt. Bamberg, Staatsbibliothek.

Kreuzes wie die Sonne. Er ist, wie das Konzil von Nicäa-Konstantinopel es im Jahr 381 bekannte: »Gott von Gott, Licht von Licht«!

Engel – Hirten – Schafe – der Christus in der Krippe – der Lebensbaum – der Stern: Es ist eine auf engstem Raum verdichtete Bildaussage, eine ebenso verdichtete Theologie: »Er blieb, was er war, der immerseiende wahre Gott. Was er nicht war, nahm er an: Menschengestalt aus Liebe zu den Menschen«, heißt es in der altkirchlichen Weihnachtsliturgie. Und Paul Gerhardt dichtet tief gläubig: »Du hast dem Meer sein Ziel gesteckt und wirst mit Windeln zugedeckt. Bist Gott und liegst auf Heu und Stroh, wirst Mensch und bist doch A und O.«

Da wird er sichtbar und hörbar in diesem unglaublichen Verkündigungsengel des Makondekünstlers – nur Kopf! nur weitgeöffneter Mund! –, der Ruf, der Schrei: »Euch der Heiland, der Retter! Euch Hirten! Freut euch!«

Hingenommen, bis ins Tiefste getroffen, dieser Hirte. Und sein lauschendes Gesicht ist dicht am Munde des göttlichen Boten:

»Als ich bei meinen Schafen wacht', ein Engel mir die Botschaft bracht'. Des bin ich froh. Froh, froh, froh! Benedicamus Domino.

Er sagt, es soll geboren sein zu Betlehem ein Kindelein.

Des bin ich froh. Froh, froh, froh! Benedicamus Domino.

Er sagt, das Kind liegt dort im Stall und soll die Welt erlösen all.

Des bin ich froh. Froh, froh, froh! Benedicamus Domino« (17. Jahrhundert).

Der schreiende Engel. Makonde-Krippe. Ausschnitt.
St. Augustin bei Bonn, Haus Völker und Kulturen.

Und alle Hirten, sie sind mit ihren schlichten Liedern, mit ihren einfachen Instrumenten immer bereit, auf die große Botschaft mit Musik zu antworten: »Was soll das bedeuten, es taget ja schon …«, beginnt ein Lied, das einstmals wohl zu einem Hirtenspiel gehörte.

Ein anderes: »Inmitten der Nacht, als Hirten erwacht, da hörte man singen und Gloria klingen ein englische Schar, eija, geboren Gott war.«

Und am schönsten, weil er auch die Frauen einbezog, hat der Leipziger Musikprofessor Carl Riedel (1827–1888) diesen Impuls zum Aufbruch in Worte gefaßt: »Kommet, ihr Hirten, ihr Männer und Fraun, kommet das liebliche Kindlein zu schaun …«

Die Volkskundlerin Ingeborg Weber–Kellermann schreibt dazu: »Es war die Freude der Armen und Beladenen an dieser armen und doch so hohen Geburt.«

Und alles bündelt sich in dem großen Lied des 16. Jahrhunderts: »Den die Hirten lobeten sehre« – »Quem pastores laudavere«, dem Lied, das dem Quempassingen der Christen und ihren Quempas-Liedsammlungen seinen Namen gegeben hat.

Musizierender Hirte mit Baumflöte. Makonde-Krippe. Ausschnitt. St. Augustin bei Bonn, Haus Völker und Kulturen.

Paul, Jean und Hermann Limburg malten zwischen 1414 und 1416 in Bourges, im Dienste des ihnen befreundeten Herzogs von Berry aus dem königlichen Geschlecht der Valois, ein künstlerisch hochbedeutsames Stundenbuch (Livre d'heures), das vor allem in seinen Monatsbildern das Leben der Epoche um 1400 detailgenau schildert und das, »reich, erfinderisch und rätselhaft« (Umberto Eco), als ein Juwel mittelalterlicher Buchmalerei gilt.

Wir sehen in karger, winterlicher Landschaft vorn drei Hirten in teilweise zerschlissener Kleidung mit ihren weißen und schwarzen Schafen. Geblendet und betroffen machen sie sich gegenseitig auf die himmlische Erscheinung aufmerksam. Der alte Hirte vorn – der mittlere ist nur von hinten zu sehen – hält die Hand vors Gesicht. Der dritte Hirte greift mit der einen Hand aufgeregt in die Kapuze des zweiten, mit der anderen zeigt er beredt auf das, was sich am Himmel oben abspielt: Eine mit Noten und Text beschriftete Rolle haltend, singen hier fünf Engel das ›Gloria in excelsis‹. Die Musik dazu machen je zwei Engel mit Laute, Handtrommel, Tuba und Viola links und rechts. Die Davidsstadt Betlehem, vieltürmig in den nachtdunklen Himmel aufragend, dürfte das zum Herrschaftsbereich des Herzogs gehörige Poitiers sein.

Zentraler Aussagegehalt bleibt das ›Gloria‹ der Engel und das ebenso machtvoll verkündete ›Et in terra pax‹ (›Friede dem ganzen bewohnten Erdkreis!‹). Der Neugeborene wird den Gottesfrieden, den Schalom der Weihnacht, bringen, höher als alle Vernunft, tiefer als alle Ängste.

Da sang dem Kind der Engel Chor mit süßer Stimm gar hoch empor:
Gloria, Lob und Würdigkeit sei Gott im Himmelreich bereit't!
Jesus, der Herre mein, der war das Kindelein.
Heinrich von Laufenberg (1390–1440)

Gebrüder Limburg (1385/90–1416), Verkündigung an die Hirten. Aus dem Stundenbuch ›Très riches Heures‹ des Duc de Berry. Buchmalerei 1414–1416. Chantilly, Musée Condé.

Weil ihr mich drängt, so will ich's erzählen ... Ach, es ist eine herbe Geschichte. Früher, wenn ich sie sagte, tat ich mich wichtig, schmückte sie aus. – Nun rüst' ich zum Sterben. Hört denn die Wahrheit, die reine und nackte Wahrheit. Und die verlangt nicht nach Schmuck. Augen will sie, sehende Augen; Ohren, die hören; Herzen ... – Hütejunge war ich im ersten Winter, der wie eine gläserne Glocke über dem Land stand, das klirrte im Frost. Und die Nächte waren nicht tragbar ohne ein Feuer. So eine Nacht war's. Ich hatte ein wenig geschlafen, eng an die andern gedrückt. Da weckt uns Elias, einer von uns, der immer umherstrich. Ich weiß noch, wie er uns weckte, und seh' ihn, bebend in seinem fadenscheinigen Mantel und bebend vor Mitleid, ans Feuer treten. »Schlaft nicht!« rief er, vom Zucken der Flammen jäh überhuscht. Er riß uns am Ärmel, ungeduldig, fast zornig. »Schlaft nicht. Dahinten geht es ums Leben!«

Wir mußten Holz aufnehmen und Käse und Brot, Milch in den Krug tun. Dazwischen warf er in Brocken das fremde Begebnis und trieb uns und die Älteren, die murrten, zur Eile. Er schürte die Neugier, schürte das Mitleid und war fast wie der Engel, der nachts den Tobias auftrieb zur Reise. Wir kamen an eine windschiefe Hütte. Ein Stall war's. Da stand noch ein magerer Ochse. Ein Esel lag traurig im Winkel. Doch trauriger noch waren die Menschen: Im Heu lag eine jüngere Frau und wand sich in Wehen. Rührend, mit frostblauen Händen, Tränen im Bart, drehte sich hilflos und tappig ein guter Alter im Kreise fruchtlosen Tuns.

Da rief ihn die Frau an – da rauchte das Feuer – da erlosch die Lampe im Windzug ....

Wir kamen – da ließ er von alldem und kniete schluchzend zum Weibe. Ihr wißt nicht, wie viele Hände man hat, wenn das Herz will. Felle und Decken warfen wir über die beiden, rieben dem Alten die gichtigen Finger, flößten Milch in die fiebernde Frau. Wir Jungen mußten draußen ein Feuer zünden und Wasser hitzen. Wir waren (versteht sich) im Wege. Indessen taten die Hirten drinnen, was not war. Auf einmal war da ein Schrei. Eine Schnuppe – ich seh's noch – fuhr durch den Himmel. Wir wußten: Einer ist mehr auf der Welt. Und

*Alter Hirte. Aus der Makonde-Krippe des Ernest Chibanga.
1977. Lüneburg, Johanniskirche.*

gerufen traten wir dann in den Stall, zuvörderst Elias. Wir sahen das Kind. Es gehörte den beiden nicht mehr als uns allen! Und plötzlich war jedes von Grund auf verändert. Der Alte war selig. Er ging rund um das Lager und sah auf die Frau. Die lag auf dem Stroh, bleich wie der Tod; doch über der Blässe blühte, wie Krokus im Schnee, ein Lächeln; das war unbeschreiblich.

Singend zogen wir heim.

Wir versorgten die drei täglich mit allem.

Rudolf Hagelstange

*Boucicaut-Meister, Verkündigung an die Hirten. Miniatur auf Pergament. Um 1410–1415.
Paris, Musée Jacquemart-André.*

»Des Himmels Chör sich freuen drob. Die Engel singen Gott zu Lob. Den armen Hirten wird vermeldt der Hirt und Schöpfer aller Welt.« (Martin Luther 1524) »In der Nacht, da Jesus geboren wurde, seht, alle Weinstöcke erblühten im Lande Juda.« (Jacobus de Voragine, Legenda Aurea)

Es ist die klassische Schäfer-Idylle, die wir vor uns haben. Keine Ausgegrenzten, vielmehr freundliche Hirten mit Hund und zwölf(!) weißen Schafen (es sind die Schafe des Lebens) im Paradiesesgarten, Schafen in reichsprossendem Grün. Vorn mit Schwan ein Wasser (Lebenswasser), das als Paradiesesfluß sich unter Bäumen durchs ganze Bild bis hin zum Dorf Betlehem zieht. Dieser Ort, eine schlichte Häusergruppe mit Kirche, aber liegt unter den Strahlen der riesigen Lichtsonne Gottes – drei Engel singen das ›Gloria‹ darin –, einer Sonne, deren Strahlen auch die Bäume auf den Bergspitzen erreichen, die Hirten allzumal.

Eine liebliche Landschaft, voll junger Triebe an allem, was wächst, voller Singen und Klingen, voll des göttlichen Lichtes. Es ist die neue Schöpfung. »Es gaben Zeugnis die Kreaturen, die Sein und Leben haben, die Pflanzen und die Bäume« (Jacobus de Voragine).

Ein altes Weihnachtslied aus Franken hat dies alles eingefangen:

Jetzt ist die Welt recht neu geborn, jetzt ist die Gnadenzeit.
Jetzt tauet auf, was war erfror'n und durch den Fall verschneit.
Jetzt sausen die Winde erquicklich und linde,
jetzt singen die Lüfte, jetzt tönen die Grüfte,
jetzt hüpft und springet Berg und Tal.

Jetzt ist der Himmel aufgetan, jetzt ist das wahre Licht:
Jetzt schauet Gott uns wieder an mit gnäd'gem Angesicht.
Jetzt scheinet die Sonne der ewigen Wonne,
jetzt lachen die Wälder, jetzt jauchzen die Felder,
jetzt ist man voller Fröhlichkeit.

Die Geburtserzählung des Lukas ist eine Geschichte auf Goldgrund. »Das Gold steht für die ›Erscheinung‹ Gottes in seiner Schöpfung, für seine Weisheit und Liebe, für sein Licht, der er selbst im unvergänglichen Licht wohnt.« (Peter Metz) Das für Kaiser Otto III. geschriebene und gemalte Evangeliar (es enthält die Evangelien vollständig), das von seinem Nachfolger Kaiser Heinrich II. 1012 »aus Liebe zu Gott, im Glanze des Glaubens erstrahlend« (so die Widmung) an die gerade geweihte Kirche des 1007 neugegründeten Bistums Bamberg gestiftet wurde, zeigt dies in eindringlicher Weise. Kostbar auch in seinem mit Gold, Edelsteinen, Perlen und Elfenbeinschnitzereien geschmückten Einband, atmet dies Evangelienbuch den Geist der Ewigkeit. So auch unser Bild. Das Bild ist gewissermaßen heiliges Land. In seiner lapidaren Monumentalität führt es den Betrachter in den Raum des Transzendenten. Es sagt ganz deutlich: Gott ist gegenwärtig im Gold des Hintergrundes und der Nimben.

Vorstellungen solcher Art wurden in jener Zeit gelebt und liturgisch gefeiert. Ihre Grundvoraussetzungen hatten sie in der wesenhaft religiösen Natur des damaligen Menschen. Alles Himmlische konnte Bild sein. Und so konnte auch die Geburtsverkündigung des Lukas in einem solchen Bild in den Rang göttlicher Offenbarung gehoben werden.

Dies sehen wir: Eine riesige wannenartige mit erdhaftem Grün gefüllte Krippe mit Fenstern für Ochs und Esel schwebt im oberen Bildteil. Die Mutter im Kindbett zeigt auf das Kind, das das Gesicht eines Erwachsenen trägt: »Ängstigt euch nicht und betrachtet mich nicht als Kind, denn ich bin immer ein fertiger Mensch gewesen«, heißt es im apokryphen Evangelium des Pseudo-Matthäus.

Josef, hochaufgerichtet, geisterfüllten Gesichtes, steht bereit für das auch ihm anvertraute messianische Kind. Zwei Hirten, zu seinen Füßen auf der Erde sitzend, schauen auf. Mit ihnen ein dritter, der, auf seinen Stab gestützt, an den winzigen Herdenturm gelehnt, sich rückwärts nach oben wendet. Im Zentrum aber, alles Geschehen miteinander verbindend, in Halbfigur drei kleine Engel, unter ihnen der Engel der Verkündigung mit Zeigegestus auf die Hirten hin.

Geburt und Hirtenverkündigung. Evangeliar Ottos III. Reichenau um 1000.
München, Bayerische Staatsbibliothek.

Überall im Bild stehen Hände und Augen zueinander in Korrespondenz. Alle Gewänder – bei Kind, Eltern, Hirten und Engeln – sind vorwiegend in zwei Farben, die sich sogar bei den Schafen wiederholen, gegeben: ein rötliches Braun und ein bläuliches Grau. Das gibt dem Ganzen auf dem Goldgrund eine rhythmisch schwingende Einheitlichkeit. Bildarchitektur, Gebärdefigur, Gold, das sind die drei Hauptmerkmale dieses außergewöhnlichen Bildes.

Da sprachen die Hirten zueinander: »Laßt uns nun gehen nach Betlehem und die Geschichte sehen, die uns der Herr bekanntgemacht hat.« (Lukas 2,15)

Simon Dach, der deutsche Poet des 17. Jahrhunderts, leiht den Hirten seine Sprache: »Die wir in Todes Schatten so lang gesessen sind und kein Erleuchtung hatten, in Gottes Sachen blind, und konnten nichts verstehen, nicht Gnade noch Gericht, sehn über uns aufgehen anjetzt ein großes Licht.«

Die Botschaft ist erklungen, so erzählt das Bild aus dem Echternacher Codex: »Es sangen die Chöre: Den Höhen sei Ehre. Dem Vater sei Preis. Und Frieden hinieden, ja Frieden, ja Frieden, dem ganzen Erdkreis.« (Clemens Brentano) Jetzt gehen die Engel wieder gen Himmel – im Schrägflug zu dem Segment oben rechts. Und der Engel des Herrn mit dem Kreuzstab auf der Erdscholle redet zwar noch mit den Hirten, den PASTORES (Inschrift), aber er steht bereits in gegenläufiger Position zu ihnen. Von den Hirten – nirgendwo wird etwas über ihre Zahl gesagt, doch dem Mönchsmaler genügen hier zwei – schaut einer den Engel an, zeigt gleichzeitig mit der Rechten auf die Krippe oben. Der andere – beide sind mit Köpfen und Händen ineinander verschränkt – ist dem Engel mit seinem Körper noch zugewendet, dafür dreht er den Kopf zum Krippenkind mit Ochs und Esel. Zwei Schafe, vorn schon mit den Füßen auf den Stufen, scheinen die Hirten aufzufordern: ›Kommt!‹

Was wir im linken Bildteil sehen, ist nun alles andere als ein Stall. Es ist vielmehr eine kirchenartige Architektur mit zwei offenen Türmen. In der Mitte Maria mit Blick auf den Engel auf ein mächtiges Pfostenbett mit großer gefalteter Decke gelagert, hinter ihr sitzend der barfüßige Josef. Der um die Säulen geschlungene Vorhang – ein schon in frühchristlicher Zeit häufig verwendetes Motiv – ist weit offen. Oben aber, im Bogenfeld, in der Apsiswölbung, wo sonst Christus als Pantokrator (Weltenherrscher) dargestellt ist, nun das Christus-Kind in der Krippe erhöht. Eine sowohl theologisch wie auch künstlerisch einzigartige Deutung des Geburtsgeschehens durch die Echternacher Mönche. Sie, die den Codex für ihr Kloster malten, konnten sich ein Kind als armseliges Wesen auf Heu und Stroh offensichtlich nicht vorstellen.

Und da die Engel von ihnen gen Himmel gingen. Goldenes Evangelienbuch von Echternach (Codex Epternacensis).
Buchmalerei um 1030. Nürnberg, Germanisches Nationalmuseum.

Den Hirten aber ist es zur Gewißheit geworden: »Dies ist das wunderbare Kind, das uns erretten soll. Brüder, eilet geschwind. In Demut laßt's uns anbeten.« (Gomez Manrique, 15. Jahrhundert)

Gott ist im Fleische! Wer kann dies Geheimnis verstehen?
Hier ist die Pforte des Lebens nun offen zu sehen.
Gehet hinein! Macht euch dem Kinde gemein,
die ihr den Vater wollt sehen.
Gerhard Tersteegen, 1731

»Sofort brachen sie auf und gingen hin …« (Lukas 2,16) Das Bild, ein Alterswerk, entstand in der Zeit, da Hugo van der Goes sich unter seelischen Depressionen in das bei Brüssel gelegene Rode-Kloster, wo er auch starb, zurückgezogen hatte.

Eine Anbetung unter beiseite gerafften grünen Vorhängen, die oben an einer Stange laufen, das ist seltsam und ganz einmalig in der reichen Bildtradition der Weihnacht. Und dennoch vom Theologischen her konsequent. Denn die beiden Männer unterschiedlichen Alters, die den Blick auf das Geburtsgeschehen gewissermaßen freigeben, sind alttestamentliche Propheten (Jesaja?, Micha?), die nach christlichem Glauben die Geburt des Davidssohnes vorausgeschaut hatten.

Zugleich darf man sich des Vorhangs erinnern, der im Innern des Tempels von Jerusalem den Zutritt zum Allerheiligsten abschirmte. So schirmten im Mittelalter häufig Altarvorhänge den Priester beim Meßopfer vor der Menge des herandrängenden Volkes ab. Dann wäre unser Bild wie eine Altarszene zu sehen. Das unterstreicht die Weizengarbe unterhalb der Krippe. Immer ist damit der Verweis auf Christus als das Brot des Lebens (in der Hostie gegenwärtig) gegeben. Johannes 6,41: »Ich bin das Brot, das vom Himmel gekommen ist.« Die Krippe, umgeben von anbetenden Engeln, ist hier also Altar.

Neben der ruhigen Hirtenverkündigung im Hintergrund rechts wirken die heranstürmenden Hirten links höchst dynamisch: »Ein Kind im Stall? Was ist geschehn? Kommt schnell, kommt schnell, es anzusehn!« (F. Hoffmann) Der große, wie im Lauf erstarrte Hirte vorn, die Hand am Ohr, den Mund leicht geöffnet, scheint sich geradezu in Ekstase zu befinden, während der andere aus dem Lauf heraus schon auf das Kind hin in die Knie fällt. Zwei verweilende Hirten im Hintergrund, der eine betend, der andere musizierend, setzen dagegen einen eindringlichen stillen Kontrapunkt. Ein in Thematik und Ausführung sehr vielschichtiges Bild, aus der Reife des Alters geboren. Manche sehen eine Nähe zu den populären liturgischen Weihnachtsspielen des Mittelalters, in denen auch Propheten auftraten und Vorhänge benutzt wurden.

Hugo van der Goes (1440–1482), Geburt Christi (um 1480). Berlin, Staatliche Museen Preußischer Kulturbesitz, Gemäldegalerie.

Führ mich, Kind, nach Betlehem!
Dich, mein Gott, dich will ich sehn.
Wem geläng es, wem, ohne dich zu dir zu gehn?

Rüttle mich, daß ich erwache.
Rufe mich, so will ich schreiten.
Gib die Hand mir, mich zu leiten,
daß ich auf den Weg mich mache,
daß ich schaue Betlehem,
dorten meinen Gott zu sehn.
Wem geläng es, wem, ohne dich zu dir zu gehn?

Willst du nicht zur Hilfe kommen,
muß ich straucheln, muß ich schwanken.
Leite mich nach Betlehem,
dich, mein Gott, dich will ich sehn.
Wem geläng es, wem, ohne dich zu dir zu gehn?«

Nicolaz Nuñez

Annette von Droste-Hülshoff hat es in eine schöne Strophe gefaßt: »Und an der Türe stehn geringe Leute, mühselge Hirten, doch die Ersten heute. Und in den Lüften klingt es süß und lind, verlorne Töne von der Engel Liede: Dem Höchsten Ehr und allen Menschen Friede, die eines guten Willens sind.«

An der Schwelle zum Stall stehen sie, ein junger Hirte und, auf seinen Stock gestützt, ein alter. Werden sie hineingehen? Der Jüngere, mit einem Schwert gegürtet, den Hut in der Hand, gänzlich verklärten, ja abwesenden Angesichtes, will es. Schon hat er den Fuß entschieden hochgesetzt, erfüllt vom Licht der Engel, voll eines guten Willens. Und sollte er noch letzte Zweifel haben, der Alte nimmt sie ihm, mit beredter Hand aufzeigend, wie das alles zu verstehen sei. Und sie gehen, Gott zu schauen. O Botschaft voll Freude und Trost. Angelus Silesius nimmt uns hinein, wenn er sagt: »Der sieht Gott nimmermehr, noch dort, noch hier auf Erden, der nicht ganz inniglich begehrt ein Hirt zu werden.« Ebenso Martin Luther: »Willst du auch erleuchtet werden und warm, so daß dein Herz brennt, willst du andächtig werden und fröhlich, so gehe hin zur Krippe, wo du stille seist und das Bild dir tief ins Herz fassest. Dann wirst du finden Wunder über Wunder.«

Und Luther singt es mit seinem Kinderlied zur Weihnacht: »Des laßt uns alle fröhlich sein und mit den Hirten gehn hinein, zu sehn, was Gott uns hat beschert, mit seinem lieben Sohn verehrt.«

Und Heinrich von Laufenberg bejubelt es im 15. Jahrhundert: »Freud' macht der Herr den Hirten kund, darum so liefen sie zur Stund gen Betlehem und fanden so das edle Kind und wurden froh. Jesus, der Herre mein, der ist das Kindelein.«

Ja, es ist so: »Einst rief die armen Hirten das himmlische Gesind. Ein jeder ließ die Herde am Feld in Nacht und Wind, lief eilig hin nach Betlehem zur Krippe und zum Kind. O Botschaft voll Freude und Trost.« (Weihnachtslied aus England)

Im Hintergrund neben dem großen ruhigen Baum über der Hütte unterhalb des Hirtenfeldes am Flußufer ein stürmisch bewegter Baum. Sollte hier das Wehen des Geistes Gottes spürbar sein?

Albrecht Dürer (1471–1528), Hirten. Aus dem Paumgartner-Altar (um 1498).
München, Alte Pinakothek.

Ich steh an deiner Krippen hier,
o Jesu, du mein Leben;
ich komme, bring und schenke dir,
was du mir hast gegeben.
Nimm hin, es ist mein Geist und Sinn,
Herz, Seel und Mut nimm alles hin
und laß dir's wohlgefallen.

Ich lag in tiefster Todesnacht,
du warest meine Sonne,
die Sonne, die mir zugebracht
Licht, Leben, Freud und Wonne.
O Sonne, die das werte Licht
des Glaubens in mir zugericht',
wie schön sind deine Strahlen!

Ich sehe dich mit Freuden an
und kann mich nicht satt sehen;
und weil ich nun nichts weiter kann,
bleib ich anbetend stehen.
O daß mein Sinn ein Abgrund wär
und meine Seel ein weites Meer,
daß ich dich möchte fassen.

Du fragest nicht nach Lust der Welt
noch nach des Leibes Freuden;
du hast dich bei uns eingestellt,
an unsrer Statt zu leiden,
suchst meiner Seele Herrlichkeit
durch Elend und Armseligkeit;
das will ich dir nicht wehren.

Paul Gerhardt, 1653

El Greco (1541–1614), Anbetung der Hirten (1612–1614). Ausschnitt. Madrid, Museo del Prado.

Domenikos Theotokópoulos (= Sohn der Mutter Gottes), genannt El Greco, aus Kreta gebürtig, der über Venedig und Rom nach Toledo kam, war ein Maler von höchster religiöser Intensität, die sich in seinem Spätwerk (unser Bild gehört dazu) bis hin zu visionärer Ekstase steigerte. Überlange, manieristisch wirkende Figuren, Glut der Farben, ein unbestimmter von Licht und atmosphärischen Phänomenen dramatisierter Raum, das ist kennzeichnend für ihn.

Vier Hirten, einfache Leute, muskulös, in grober, aber farbintensiver Gewandung (leuchtendes Grün, Gelb, Blau, schimmerndes Rot), beten das Kind – die schöne jugendliche Maria, das zarte durchsichtige Laken hebend, schaut still herab – mit expressiven Gesten voll tiefer Hingabe an. Zusätzliches, fast befremdliches Element: der Stierkopf (Ochse) mit dem ragenden spitzen Horn unmittelbar am Kind!

Jahrhundertelang war El Greco vergessen. Heute gilt er als Genie, das in jedem seiner Bilder visionär voll gegenwärtig ist. »Wenn Gott am siebten Tag der Schöpfung, statt zu ruhen, gemalt hätte, er hätte es mit der Gnade jenes Sohnes der Mutter Gottes getan.« (Fernando Arrabal)

Das Hirtengespräch

Als die drei Hirten ihre Gesichter wieder zu erheben wagten, nahmen sie, hoch oben in den Wolken stiebenden Schnees, noch einen wunderbaren Glanz wahr, der kleiner und kleiner wurde und schließlich nur noch wie der ungewisse Schimmer eines verhüllten Sterns aussah. Es war ihnen auch, als hörten sie noch einen fernen Hall des Lobgesangs der Engel. Aber nun erlosch der Schimmer ganz, und auch der Hall verstummte. Die Nacht herrschte wieder um sie her, die lichtlose, schweigende Winternacht. Sie konnten die Schneeflocken nicht erkennen, sie fühlten nur, daß sich unablässig etwas Weiches, Kühles auf ihre Wimpern und Wangen senkte. Der Junge stand zuerst auf. »Kommt!« rief er mit seiner hellen, erregten Stimme. »Kommt, wir wollen gleich hingehen!« Er schob die Kapuze seines wollenen Umhangs, die beim Niederstürzen nach hinten gerutscht war, wieder über seinen Kopf und faßte den Alten, der neben ihm im Schnee kniete, unter die Achseln. Als es ihm nicht gelang, ihn aufzuheben, lief er zu dem Dritten mit dem zottigen Fellmantel, der sich gerade schwerfällig auf die Beine stellte, und versuchte, ihn mit sich zu ziehen.

»Nur langsam«, sagte der mit dem Mantel. »Jetzt müssen wir uns erst einmal bedenken.« Er wandte sich an den Alten: »Steh auf! Es ist vorbei. Was war das denn? Hast du es auch gesehen?«

Der Alte hielt das Gesicht noch immer den Wolken zugewandt, in denen die leuchtenden Heerscharen verschwunden waren. »Friede auf Erden«, stammelte er.

»Habt ihr das auch gehört? ›Denn euch ist heute der Heiland geboren‹. Habt ihr das auch gehört?«

»Ja«, sagte der mit dem Mantel, »so ähnlich habe ich es auch gehört.«

»Ich auch«, rief der Knabe, »genau so.«

»Sei still!« sagte der mit dem Mantel. »Es war also kein Traumgesicht. Oder haben wir alle drei dasselbe geträumt? Merkwürdig.«

»Wir können ja hingehen und nachschauen, ob wirklich ein Kind in der Krippe liegt. Kommt doch! Steh doch auf!«

Sie machten sich auf den Weg.

»Friede auf Erden«, sagte der mit dem Mantel nach einer Weile. »Ich glaube es nicht. Sie können es ja doch nicht lassen. Soweit ich mich auch zurückbesinne, immer ist Krieg gewesen. Immer haben die Mächtigen auf den Schwachen herumgetreten. Immer hat der Bruder den Bruder verraten und immer der Wolf das Lamm gerissen und der Löwe die Hinde.«

Sie gingen nebeneinanderher.

»Es wäre freilich schön«, fügte er hinzu, »wenn weit und breit der Friede waltete und die Freundlichkeit. Nicht auszudenken, wie schön es wäre. Aber ich glaube nicht daran. Es ist unmöglich. Ich kenne die Welt.«

Der Alte blieb stehen, atmete tief aus und ging wieder weiter. »So haben sie es auch nicht verkündet«, sagte er langsam, »daß ohne weiteres Friede sein würde. So nicht. Am Anfang ihres Lobgesangs haben sie etwas anderes verkündet. ›Ehre sei Gott in der Höhe‹, haben sie am Anfang verkündet. Und dann erst haben sie das vom Frieden gesungen.«

»Ja«, sagte der Knabe, »so war es auch. Ich weiß es ganz sicher.«

»Und das habe ich so verstanden«, fuhr der Alte fort, »daß erst dann der Friede in die wilden und ruhelosen Herzen der Menschen kommt, wenn sie eingedenk sind, daß ein gewaltiger Gott über aller Welt ist, dem Lobgesang und Ehre und Anbetung gebührt. Wo Gott geehrt wird, da ist Friede. Und sonst nirgends und nie.«

Der Knabe, der etwas zurückgeblieben war, gesellte sich laufend den anderen wieder zu und faßte nach der Hand des Alten. »Warum liegt das Kind in einer Krippe? Hat es denn kein Bett und nichts?«

»Es ist schwer zu verstehen. Ich weiß es auch nicht. Alles ist so schwer zu verstehen.«

»Wenn es ein König über allen Königen ist, warum wohnt es dann nicht...?«

»Du sollst still sein, habe ich dir gesagt!« Diesmal war es der mit dem Mantel, der stehenblieb. Der Alte und der Knabe blieben gleichfalls stehen. Ihre Augen glitzerten im Sternenlicht. Das verschneite Land lag schweigend da. Nichts war zu hören als die Atemzüge der drei Menschen. Da beugte sich der mit dem Mantel gegen den Alten und flüsterte: »Ich kann mich nicht dagegen wehren, ich muß es immer wieder denken.«

»Was?«

»Denkst du nie«, flüsterte der andere, »daß es ihn überhaupt nicht gibt? Hast du nie Angst?«

»Es gibt ihn aber.«

»Denkst du nie, daß wir ganz verlassen und verloren in der Welt leben und daß alles ganz sinnlos ist?«

»Doch«, antwortete der Alte leise, »manchmal denke ich es auch. Aber es gibt ihn.«

»Woher willst du das wissen?«

»Er hat sich mit den Erzvätern unterredet und hat den prophetischen Männern seine Sprache verliehen.«

»Die Erzväter und die Propheten sind schon lange tot. Wer kann sagen, ob es wahr ist? Vielleicht haben sie Gesichte gehabt oder sie haben's geträumt oder es ist ihnen gekommen wie eine Sage.«

»Aber die Welt ist doch vorhanden. Wer soll denn die Welt gemacht haben, wenn nicht er?«

»Und wenn die Welt schon von Ewigkeit her gewesen ist?«

»Von Ewigkeit her ist niemand und nichts außer ihm.«

»Du sagst, er sei von Ewigkeit her. Und ich sage, die Welt sei von Ewigkeit her. Warum sollen meine Worte falsch sein und deine richtig?«

»Und der Niedersturz und die Auffahrt der leuchtenden Heerscharen vorhin?«

»Vielleicht war es wiederum nur Traum und Gesicht.«

»Und das Kind in der Krippe?«

»Wie kann ein Kind, das in einem Stall zur Welt kommt, der Heiland sein? Wie kann ein Armutskind die Macht haben, die Menschen zu erretten?«

»Ja, es ist alles so schwer zu verstehen. Komm, wir wollen weiter!«

Sie stapften hintereinander her, zuerst der mit dem Mantel, dann der Alte, als letzter der Knabe.

»Wißt ihr was?« rief der Knabe. »Ich kann überhaupt nicht verstehen, was die Engel sich dabei gedacht haben.«

Die beiden Männer vor ihm setzten wortlos ihren Weg fort.

»Wir sind doch nichts Besonderes, wir sind doch nur Hirten und kleine Leute. Warum haben sie denn gerade uns die Geburt des Heilands verkündet? Da gibt es doch ganz andere auf der Welt, Könige und Kaiser, ach du liebe Zeit! Und dann kommen sie zu uns mit ihrem Gesang und Geleuchte? Ich kann mir nicht denken, daß es mit rechten Dingen zugegangen ist.«

»Nichts geht heute nacht mit rechten Dingen zu«, sagte der Alte mehr zu sich selbst als zu dem Knaben. »Es ist so schwer zu verstehen, alles. Der Herr des Himmels und der Erde wird ein Kind. Das Licht der Welt liegt in einem dunklen Stall. Die Allmacht verkehrt sich in Hilflosigkeit. Der die Welt erretten will, wird von der Menschenmutter gewiegt. Und uns, die wir keine Würde haben und keine Hoheit, uns geschieht die Botschaft vor allen anderen. Das mag fassen, wer will, ich kann es nicht.«

Der mit dem Mantel drehte sich im Gehen um: »Du sollst sehen, es bleibt alles, wie es war. Wir haben keine Tröstung und keine Hilfe zu erwarten. So war es, so ist es, und so wird es bleiben.«

Es wurde etwas heller. Der Knabe hielt sich neben dem Alten, seine Schuhe wühlten rauschend das Laub auf, das unter dem Schnee lag.

Nach einiger Zeit streckte der Alte seine Hand aus und berührte die Schulter des vor ihm Gehenden. »Hör zu!« sagte er. »Ich weiß es jetzt.«

»Was weißt du?« fragte der mit dem Mantel.

»Daß er es ist«, sagte der Alte. »Du zweifelst daran, daß er sich den Erzvätern und Propheten offenbar gemacht hat. Aber nun ist er selbst gekommen, unbezweifelbar, der Jenseitige in unsere Irdischheit, der Ewige in die Zeit, der Unendliche in die Endlichkeit, der Unsichtbare in die Sichtbarkeit. Nun gibt es kein Ausweichen mehr, nun ist er ganz offenbar geworden in seinem Geheimnis, er selbst. Wenn ich das bedenke, dann steht mir das Herz still vor Entsetzen. Es ist ja etwas Ungeheuerliches. Wir begreifen es nicht mit unserem Menschensinn. Denn wenn der verborgene Gott sich offenbart, dann muß sich alles anders vollziehen, als wir es uns vorgestellt haben. Vollständig anders. Darum kein Fürst mit Krone und Purpur, sondern ein Kind. Darum kein Glanz und Gloria, sondern die Nacht, kein Palast, sondern der Stall, kein Thron, sondern die Krippe, keine Diamanten und Goldreifen, sondern Armut, keine Heeresmacht, sondern Hilflosigkeit. Und darum die Verkündigung nicht an die Großen der Erde, sondern an uns. Mit einem Male weiß ich es: Weil alles so unbegreiflich geschieht, ist er es. Und da er es ist, will er uns retten von Tod und Sinnlosigkeit und Angst und Einsamkeit.

Kommt, wir müssen zu ihm! Wenn wir vor der Krippe knien und dem Kind unser ganzes Wesen hingeben in Anbetung, dann brauchen wir keine Angst mehr zu haben. Nie mehr.«

Der mit dem Mantel hielt an. Er ließ den Jungen und den Alten an sich vorüber. Dann blieb er dicht am Alten.

»Du«, sagte er, »uns retten von Tod und Sinnlosigkeit ... warum sollte er das wohl tun? Wenn ich in mich hineinsehe, so richtig bis in mein Geheimstes und Allerinnerstes, dann erkenne ich, daß es sich nicht lohnt, mich zu retten. Was will er denn mit mir? Was will er denn mit einem, der ihn Tag für Tag verraten hat? Was will Gott denn mit so einem Abtrünnigen? Und was will er mit dem ganzen Menschengeschlecht? Denn es ist wohl keine Vorspiegelung, daß die anderen nicht besser sind als ich, es ist die Wahrheit. Aber keine tröstliche, sondern eine schreckliche Wahrheit. Und wohin du sonst blickst in der ganzen Schöpfung, es ist überall das gleiche: Die Vögel unter dem Himmel, die Fische und Ungeheuer in der See, das Getier in den Wäldern, die Gräser am Wege, alle sind in Mord und Sünde und Traurigkeit verstrickt und lassen nicht ab davon, nicht einen Tag, nicht eine Stunde. Warum sollte er sie retten von Tod und Sinnlosigkeit, da sie überdies nicht einmal danach begehren, gerettet zu werden? Warum?«

Er schwieg. Nach einigen Schritten sagte er: »Hast du meine Worte gehört?«

Der Alte nickte im Weitergehen, antwortete aber nicht. Dagegen rief der Knabe: »Aber er hat doch alles erschaffen, die Menschen und die Tiere und das Gras.«

Der mit dem Mantel wandte sich halb und bedeutete ihm mit seitwärts winkender Hand, er möge sich bescheiden.

»Und die schönen Sterne auch«, fügte der Knabe mit einem kleinen Trotz hinzu. Aber der Alte antwortete noch immer nicht.

Vor ihnen zeigte sich eine zarte Dämmerung zwischen den Stämmen. Es dauerte nicht mehr lange, da traten sie aus dem Wald heraus.

Der Himmel war fast bis zur Scheitelhöhe frei von Wolken. Klar und still funkelten Sternenbilder über dem verschneiten Land. Mit leicht gewelltem Gefälle senkte sich der Hügel hinab. Unten im Tal lagen schattenhaft die Häuser des Dorfes, in dem das heilige Kind geboren sein sollte. An zwei Stellen flimmerte ein rötliches Licht. Hinter dem Dorf hob sich das Gelände wieder, ein dunkler Wald begann, der sich schräg über den Gipfel des jenseitigen Hügels zog.

Die drei Hirten blieben stehen und schauten auf die ruhende Welt.

Wie ein feiner, silbriger Rauch wehte die Milchstraße empor, teilte sich, schloß sich wieder zusammen und wehte über sie hin.

»Jawohl«, sagte der Alte, »er hat alles erschaffen. Und zuletzt hat er den Menschen erschaffen mit Sprache und Gesang und vielfältigen Gedanken. Und alles war gut, was er geschaffen hat. Aber es ist verderbt worden vor der Zeit durch den Fall des Menschen. Und mit ihm ist die ganze Schöpfung gefallen. Und doch ist es Gottes Schöpfung geblieben. Auch der Mensch, der gebildet wurde, daß er Gottes Ebenbild sei, es aber nicht vermochte, auch der Mensch ist Gottes

Geschöpf geblieben. Manchmal begehrt er nicht, von Gottes Hand ergriffen und gerettet zu werden, wie du gesagt hast. Aber manchmal begehrt er es so sehr, o über die Maßen sehr! Manchmal mißachtet er die Wahrheit, aber manchmal verzehrt er sich auch nach ihr und nach der Schönheit und nach der Liebe, welche alle bei Gott sind. Manchmal hängt er der Macht an, alles an sich zu reißen, was nicht sein ist. Aber manchmal erhebt's sich auch in ihm, daß er keine größere Seligkeit kennt, als zu geben, und er gibt sogar sich selbst dahin. Ich kenne Gottes Ratschluß nicht, und du kennst ihn auch nicht, und kein Mensch kennt ihn. Aber wenn ich es vermöchte, ich würde die Menschen erretten aus ihrem Fall und die übrige Schöpfung mit ihnen. Warum sollte Gott, dessen Wissen um die Menschen und dessen Erbarmen eine Unendlichkeit größer ist als meines, es nicht auch wollen?«

Als er geendet hatte, war die Stille noch tiefer als zuvor. Sie standen schweigend da. Eine Sternschnuppe schoß über den Himmel, verlangsamte ihren Lauf und zersprang lautlos in grüne Funken, die schnell erloschen. Irgendwo im Wald rutschte eine Last Schnee von einem Zweig und schlug dumpf auf den Grund.

Da konnte der Knabe es nicht länger aushalten. Er legte seinen Arm um den Alten und sagte dringend: »Komm!«

»Ja«, sagte der Alte.

Sie gingen den Hügel hinunter auf das Dorf zu.

Manfred Hausmann

Die Hirten sind noch unterwegs und ohne Dach,
wenn andre längst in festen Häusern schlafen.
Doch wachen sie nicht mehr wie einst bei Schafen.
Sie denken über Schuld und Gott und Elend nach.
Als Taxifahrer halten sie sich mühsam wach.
Sie zittern im Gefängnis vor den Strafen,
sind ausgestoßen von den ewig Braven,
und unter Schmerzen liegen sie, verstört und schwach.
Doch siehe: Gottes Engel tritt heran
zu allen, die er wachend findet,
weil Pflicht, weil Schicksal sie jetzt bindet,
sagt ihnen, wo sie sind, die Freude an:
Das Heil wohnt unter uns im engen Stall,
und Betlehem ist heute überall.
Dietmar Schröder

Auch unsere Weihnachtsfeier führt uns nicht hinaus aus den Nöten und Lasten unseres Lebens in der Welt, führt uns nicht ins Paradies. Auch wir müssen wie die Hirten wieder umkehren, zurück in die alten Verhältnisse mit all ihrem Druck, der uns wund macht. Aber – wenn uns nur die Weihnachtsfeier der Hirten geschenkt wird, wenn wir nur so zu hören und zu glauben vermögen. Der Retter ist da! Gottes Hand ruht wieder auf der Welt und läßt die Welt nicht mehr los! Das Heil ist im Schwange! Die Nacht ist vorgerückt, der Tag aber nahe herbeigekommen! Die Herrschaft der Welt ist dem Fürsten dieser Welt schon abgesprochen und ist schon auf die Schultern dieses Kindes gelegt! Dann darf es auch von uns heißen wie von jenen Hirten: Nicht nur »sie kehrten wieder um« in all die alte bittere Not hinein, sondern auch »sie priesen und lobten Gott um alles, was sie gehört und gesehen hatten, wie denn zu ihnen gesagt war«, mitten in allen persönlichen Nöten, mitten in der Nacht der Welt, mitten im Krieg …
Dietrich Bonhoeffer

Hirte im Schlaf des Vertrauens. Aus der Makonde-Krippe des Ernest Chibanga. 1977. Lüneburg, Johanniskirche.

Ach mache du mich Armen zu dieser heilgen Zeit
aus Güte und Erbarmen, Herr Jesu, selbst bereit.
Zieh in mein Herz hinein vom Stall und von der Krippen,
so werden Herz und Lippen dir allzeit dankbar sein.
Valentin Thilo, 1642

Brief des Pächters Ibrahim an Ben Charub, Eigentümer eines Grundstückes mit Stallungen vor Betlehem.

Mächtiger, gefürchteter und geliebter Ben Charub!

Die drei Drachmen Pachtzins überbringt Dir hiermit wie alljährlich um diese Zeit als Bote mein begabter Neffe Lom. Zum Geld aber habe ich Dir einen Brief beilegen müssen für diesmal, einen Brief, den ich dem Schriftkundigen Echail aufgesagt habe, wobei ich ihn um mögliche Kürze bat, da er sich jedes Wort bezahlen läßt – der Schlaufuchs – und oft ins Blumenreiche gerät.

Großer Ben Charub, auf Deinem Grundstück und in dem Stall, den Deine Güte und Menschlichkeit mir zur Pacht überlassen haben, ist Ungewöhnliches geschehen. Ich möchte gleich bitten, erhabener Eigentümer, die Ursachen dieser Geschehnisse nicht bei mir zu suchen. Ich bin nur Pächter und habe schon Mühe, mich in meiner Familie und meinem Hauswesen durchzusetzen – Du kennst mein Weib Rachel –, und ich besitze nicht einmal einen Abglanz von der Stärke unseres unvergleichlichen Kaisers Augustus, der die Volkszählung anordnete. Mit dieser Vokszählung begann alles, was Dein Grundstück und Deinen Stall in Mitleidenschaft gezogen hat. Es kamen Scharen von Auswärtigen in unseren Ort, die brachten Unruhe in unsere Gassen und schreckten auch nicht vor den Schwellen unserer Häuser zurück, wenn sie Speise oder eine Schlafstatt brauchten. Manche beriefen sich auf verwandtschaftliche Bande, an die sich bei uns kaum jemand erinnern konnte. Zu mir kam zum Beispiel ein gewisser Josef, der behauptete, vor vierzig Jahren in meinem Haus geboren und ein Vetter von mir zu sein. Das mochte stimmen – oder auch nicht. Im Gesicht konnte ich eine Familienähnlichkeit nicht ausmachen; nun, der Mann sah etwas struppig, aber sonst harmlos aus. Er hatte ein junges Mädchen bei sich, das ein Kind erwartete. Nach einigem Zögern wollte ich sie einlassen, als Rachel mich von hinten anstieß und mir zuflüsterte, welche Scherereien die beiden uns ins Haus bringen würden: Aufregung, Arbeit und Lauferei. Und da Rachel in solchen Dingen und allen anderen recht hat, mußte ich bedauernd die Schultern heben und die Tür langsam wieder zumachen und dann fest verschließen.

Und dieser Josef und seine Frau müssen es gewesen sein, die ohne Erlaubnis

Deinen Stall aufgesucht und sich für einige Wochen darin eingerichtet haben. Und die Frau hat ihr Kind dort zur Welt gebracht.

Wie gesagt, von mir aus hatten sie für nichts eine Erlaubnis, aber wer fragt denn heutzutage schon nach der Erlaubnis eines Pächters. Mit einem Wort: Es waren Stallbesetzer!

Nun haben diese beiden den Stall eigentlich recht ordentlich gehalten, manches sah nachher sogar besser als vorher aus: Die Tür war instand gesetzt und vier Dachsparren waren säuberlich geflickt; der Mann muß handwerkliches Geschick haben. Aber dafür fehlte einiges an Futtergetreide, und auch ein paar Strohgarben waren zu Häcksel geworden. Und dieses Paar und das Kind müssen viele Besucher gehabt haben, ganze Volksscharen. Der Vorplatz ist arg zertrampelt, und mehrere Feuerstellen haben das Gras bis zur Wurzel versengt. Aber das Schlimmste sind nicht diese äußeren Veränderungen. Da ist in den Dingen selbst etwas anders geworden: im Holz, in den Gräsern, tief im Boden, in den Tieren – ja, und in den Menschen, Ben Charub, Du Kenner der Menschen in ihren Unarten und Eigenarten. Als ich im Stall nach dem Rechten sah und die Hirten über die Vorgänge zur Rede stellte, ließen diese Männer den früheren so angenehmen Gehorsam vermissen. Sie sahen aus, als ob sie nicht mehr Deine Bediensteten, sondern anderweitig Beschäftigte wären. Ich kann es nicht richtig erklären. Vielleicht doch: Die Hirten sahen aus, als ob sie einen anderen Herrn angenommen hätten. Da müßtest du, edler Charub, als rechtmäßiger Eigentümer dieser Gegend und ihrer Menschen doch sofort etwas unternehmen!

Das Paar und das Kind sind schon seit einiger Zeit fort. Die Familie soll plötzlich aufgebrochen und bei Nacht über die Grenze gegangen sein. Seit der Flucht dieses Josefs und seiner Frau und dem Kind fehlt auch mein Esel Guman. Aber ein Hirtenjunge brachte mir eine Nachricht von dieser Familie; sie habe den Esel dringend gebraucht, und hier sei die Bezahlung, ein Stückchen Gold. Nun, der Kaufpreis war ja reichlich, und ich habe mir von dem Goldstück ein stärkeres Tragtier als diesen klapprigen Guman angeschafft, so daß wir diese Angelegenheit rasch vergessen können. Nur das mit den veränderten Menschen, das solltest Du hier auf Deinem Grund und Boden überprüfen lassen. Ich sehe Deiner Ankunft entgegen und bin bis dahin Dein dankbarer und besorgter Pächter Ibrahim.

Josef Reding

Die Hirten

Es roch so warm nach den Schafen,
da sind sie eingeschlafen.
O Wunder, was geschah:
Es ist eine Helle gekommen: Ein Engel stand da.

Sie haben sein Wort vernommen.
War schwer zu verstehen.
Sie mußten nach Betlehem gehen und sehen.

Sie haben vor der Krippen
aus runden Augen geschaut.
Sie stießen sich stumm in die Rippen.
Einer hat sich gekraut.
Einer drückte sich gegen die Wand.
Einer schneuzte sich in die Hand
und wischte sich über die Lippen.

Aber Iwan Akimitsch, der vorne stand,
der den heimlichen Branntwein braut,
Iwan Akimitsch vom Wiesenrand,
Iwan Akimitsch hat sich endlich getraut,
hat dreimal gespuckt, dreimal geschluckt,
dann sagte er laut:
»Wir haben nicht immer gut getan.
Du liebes Kind, schau uns nur einmal freundlich an.
Geh, tu's geschwind!«

Da war ihnen leicht, sie wußten nicht wie.
Da fielen sie alle in die Knie.
Da lachte das Kind und segnete sie.
Josef lächelte und Marie.

Werner Bergengruen

Martin Schongauer (um 1450–1491), Hirten der Anbetung. Tafelbild 1480. Berlin, Staatliche Museen Preußischer Kulturbesitz. Gemäldegalerie.

Sie sind gerade angekommen. Von der Weide. Von der Verkündigung. Der Alte mit dem kurzgeschnittenen Haar und dem warmherzig-freundlichen Gesicht ist in die Knie gefallen, faltet die knochigen Hände. Der junge Hirte mit dem schwarzen Haar neben ihm breitet die Arme, als wolle er sagen: »Ich sehe dich mit Freuden an und kann mich nicht satt sehen.« Beide schauen auf das Kind, nackt, im Lichtfeld auf dem Boden. Die Blicke des dritten hinter ihnen – weitaufgerissene Augen, halbgeöffneter Mund, fassungsloses Staunen – gehen über all das hinaus. Er scheint am tiefsten getroffen von der Botschaft. Er ist der am meisten Erkennende.

Wir sehen einen Ausschnitt aus der Mitteltafel des berühmten Portina-Altares von Hugo van der Goes. Tommaso Portinari, Geschäftsträger der Medici in Brügge, Florentiner, hatte den Auftrag zu dem großformatigen Werk (2 1/2 mal 6 m) gegeben, das, in Gent gemalt, nach Italien verschifft, zunächst in der Hauskapelle der Portinari in San Egidio in Florenz stand – hier wegen seiner ›nordischen‹ Auffassung von allen zeitgenössischen italienischen Malern rückhaltlos bewundert –, bevor es in die Uffizien gelangte.

Die Kunsthistoriker rühmen die wirklichkeitsnahe Darstellung der Hirten, Menschen, denen man ansieht, daß sie sich von ihrer Hände Arbeit ernähren müssen. Dergleichen hatte es bis dahin in Geburtsdarstellungen nicht gegeben. In der Tat, es sind bäuerliche Volkstypen, kraftvolle Individuen mit völlig ungezwungenen Gebärden. Hugo van der Goes hatte einen scharf beobachtenden Blick für die Physiognomien der Armen, der Unterprivilegierten, solcher, die stets im Freien lebten. Und der Maler ist detailgenau. Man sieht's an der gegerbten Haut, an den Falten, an der Zahnlücke beim Hirten oben, an den Hirtenstäben, an der Tasche mit Schere und Horn beim Hirten unten.

Sie schauen, die Hirten, hingegeben, sie sehen, sie erkennen. Rudolf Alexander Schröder weiß dies auf uns zu beziehen: »Und was sie gesehen, wir sehen es heut', und alle, die's sehen, sind selige Leut', sind selig und fröhlich und gehn mit Gesang und sagen dem Kinde Lob, Ehre und Dank.«

Hugo van der Goes (um 1440–1482), Anbetung der Hirten (um 1476), Mitteltafel des Portinari-Altares. Ausschnitt. Florenz, Galleria degli Uffizi.

Denkt doch, was Demut ist! Seht doch, was Einfalt kann!
Die Hirten schauen Gott am allerersten an.
Angelus Silesius

Aus dem Evangelium der Bauern von Solentiname

Lukas 2, 8–20: *In der Gegend von Betlehem waren Hirten auf dem Felde bei den Hürden, die hüteten des Nachts ihre Herde. Plötzlich trat der Engel des Herrn zu ihnen, und die Klarheit des Herrn leuchtete um sie, und sie fürchteten sich sehr. Aber der Engel sprach zu ihnen: Fürchtet euch nicht! Siehe, ich verkündige euch große Freude, die allem Volk widerfahren wird.*

Wir sind in der kleinen Kirche versammelt.

Zuerst spricht der alte Tomás Pena, wie immer mit großer Einfachheit: »Ich sehe, daß die Leute, die da die Herden hüteten, eine frohe Nachricht erhielten. Sie waren auf dem Feld wie unsereins hier und hörten plötzlich diese große Freude. So wie wir, als wir hörten, daß sie zu uns kämen. Man hatte uns gesagt, bald käme ein Priester zu uns, und wir wollten es zuerst nicht glauben, weil wir früher noch nie einen Priester hatten … Genauso freuten sich diese Hirten. Sie waren traurig. Sie feierten kein Fest, sondern es ging ihnen schlecht.«

»Und warum erhielten gerade sie die Nachricht?« frage ich.

Tomás Pena: »Vielleicht weil sie näher bei Gott waren. Andere dachten an Schlechtes, nicht an Gutes. Glaube ich …«

Patricio: »Sie waren näher bei Gott, weil sie sich dort die Nacht um die Ohren schlugen. Darum wollte Gott ihnen eine Freude schicken. Ich glaube, so könnte es gewesen sein.«

Felipe: »Der Engel kam zu ihnen, weil sie arbeiten, und ich finde, das ist eine große Sache für uns. Denn sie waren arm und mußten nachts arbeiten, sie hüteten die Schafe, so wie wir hier die Kühe versorgen. Es waren Arbeiter, arme Leute. Der Engel hätte auch zum König gehen können und sagen: ›Der Retter ist geboren.‹ Aber er ging nicht zum König, sondern zu den Arbeitern. Das heißt, diese Botschaft ist nicht für große Typen, sondern für die Masse, das heißt, für alle Armen und Unterdrückten.«

Ich: »Tatsächlich standen die Hirten auf der untersten Stufe der sozialen Leiter in Israel …«

Alejandro: »Ein Teil der Botschaft war auch, daß einer geboren werden sollte, der genau wie sie war: arm, in Windeln gewickelt.

Euch ist heute der Heiland geboren aus dem Volk Davids, welcher ist Christus, der Herr.

Felix: »Der Engel erklärt ihnen, daß er für sie gekommen ist. Ich glaube, sie waren so etwas wie Sklaven, und als sie hörten, daß ein Heiland oder ein Befreier für sie kommen sollte, da freuten sie sich. Sie hatten schon etwas von einem Messias gehört, und als der Engel ihnen sagte, er wäre jetzt geboren, da waren sie froh. Sie wußten, daß diese Geburt sie von der Sklaverei befreien sollte. Ein Befreier für alle Sklaven! Er kam, um alle Sklaven zu befreien, alle Armen, nicht nur die in der damaligen Zeit, nein, auch die von heute. Jeder Arme, der gezwungen ist, für einen Reichen zu arbeiten, lebt wie ein Sklave.«

Felipe: »Ein Arbeiter ist immer arm, auch wenn er in einer Fabrik arbeitet.«

Felix fährt fort: »Er kam, um die Armen zu befreien, nicht die Reichen. Darum mußte die Nachricht von seiner Geburt den Armen gebracht werden. Und heute ist es genauso: Die Botschaft, das Wort Gottes, wird mehr von den Armen gehört als von den Reichen. Ich glaube, es liegt gerade an der Armut der Armen, daß sie das Wort Gottes eher hören als die Reichen.«

Oscar: »Die Hirten waren genau wie wir, sie brauchten dringend einen Befreier. Denn die Tiere wurden von ihnen gehütet, aber sie selbst waren allein, von aller Welt verlassen. So werden wir auch von den Reichen gedemütigt und sind von aller Welt verlassen. Aber wenn dann einer kommt und uns sagt, so könne es nicht weitergehen, wir könnten nicht immer weiter Sklaven der Reichen sein, es müsse eine Revolution kommen oder so, dann begreifen wir, daß auch wir um unsere Freiheit kämpfen können.«

Julio: »Mir kommt es so vor, als wären wir die Hirten der Reichen, weil wir für sie arbeiten und sie mit unserer Arbeit unterhalten. Für uns muß auch ein Befreier kommen. Wir sind Bauern und Macheteros, aber ich glaube, zu uns braucht kein Engel persönlich zu kommen, um uns darauf aufmerksam zu machen …, oder vielleicht ist er schon gekommen.«

Ernesto Cardenal

Der lothringische Maler eines geheimnisvollen Hell-Dunkel steht in der französichen Malerei des 17. Jahrhunderts ganz einzigartig da. Er malt Szenen von hoher Intensität. Zugleich verwirklicht er so etwas wie eine ›Poesie des Alltagslebens‹. »Er erzählt, aber er fabuliert nicht. Er schweift nicht aus in Details, sondern übersteigert seinen Realismus zu ergreifender Einfachheit.« (Hubertus Halbfas)

Unser 1926 in Amsterdam aufgefundenes Bild hat im Zentrum das bis über den Kopf bandagierte (›gewickelte‹) Kind – ›Gottkind, Kind gewordenes Wort‹ (Lope de Vega), ein Kind, das hingegeben und tief auf seinem Strohlager schlummert. Dieses Neugeborene liegt im Licht der von Josef dem Betrachter gegenüber abgeschirmten Kerze – Kerzen als Lichtquelle spielen in La Tours Nachtstücken eine herausragende Rolle –, ein Licht, das zugleich auf die Gesichter und Körper, diese plastisch modellierend, der fünf Umstehenden fällt. Links in einfach geschnittenem rotem Gewand, die Hände gefaltet, Maria. Ihr Blick geht zur Flamme in Josefs Hand. Neben ihr ein junger Hirte mit Stock und einem Schaf, das neugierig seinen Kopf bis dicht an den des Kindes vorgestreckt hat. Daneben, mehr im Hintergrund, ein versonnen lächelnder Hirte mit Mütze – er nimmt sie gerade ab – und Flöte. Dann eine eher festlich gekleidete Frau mit schön gewundenem Kopftuch, mit Schultertuch und einer Schmuckborte über dem geschnürten Mieder, sowie mit Goldstreifen auf den Ärmeln des roten Kleides. Sie hält eine irdene Schüssel mit Speise für das Kind, Symbol des Alltäglichen.

Über alles Alltägliche hinaus aber geht die Eindringlichkeit des Schauens, nicht zuletzt bei dem alten Josef rechts, und dies bei einem Licht, das, Wärme, ja Innigkeit verbreitend, dem Bild bei aller Schlichtheit einen Ernst, eine Würde, eine mystische Tiefe verleiht, die es in seiner Zeit – es ist die des aufschäumenden Barock – einmalig macht.

Eine große Stille ist da. »Es war eine Stille, und ich hörte eine Stimme.« (Hiob 4,16) Hubertus Halbfas sieht in dem Bild ›die Stille aller einfachen Menschen, die ihrem Alltag treu sind‹, zugleich ›die Stille der tiefsten Weltnacht‹.

Georges de La Tour (1593–1652), Anbetung des Hirten (1643–1644). Paris, Musée National du Louvre.

In seine Lieb versenken will ich mich ganz hinab.
Mein Herz will ich ihm schenken und alles, was ich hab',
eia, eia, und alles, was ich hab'.
Friedrich Spee, 1637

Felipe: »Der Engel, das ist irgendeine gute Idee, irgendeine Erleuchtung, die man plötzlich im Wald hat, wenn man mit der Machete arbeitet, wie Felix sagt ..., irgendeine Idee, was man für die andern tun könnte oder für die Gemeinschaft. Eben der Heilige Geist, denn das ist der Geist der Liebe zum Nächsten, nicht wahr?«

Julio: »Ja, darum sagte ich vorhin, dieser Engel sei vielleicht schon zu uns gekommen, und wir brauchten nicht darauf zu warten, daß er uns persönlich erscheint, wie eine Vision ... Während wir diese Worte lesen und darüber sprechen, ist er vielleicht gerade dabei, uns zu erscheinen und uns diese Botschaft zu bringen.«

Und das habt zum Zeichen: Ihr werdet finden das Kind in Windeln gewickelt und in einer Krippe liegen.

Oscar: »Jesus wurde in einem Stall geboren. Der Befreier kam für die Armen, darum mußte er auf diese Weise geboren werden.«

Tomás: »Wenn Jesus in einem reichen Haus zur Welt gekommen wäre, dann hätten ihn die Hirten nicht besuchen können. Man hätte ihnen wahrscheinlich nicht einmal die Tür aufgemacht.«

Oscar: »Dann hätten ihn die Hirten auch gar nicht besuchen *wollen*, weil ihnen klargewesen wäre, daß er nicht für sie, sondern für die Reichen geboren wurde.«

Ich sage: »Die Reichen hatten keine Befreiung nötig. Wovon will ein Reicher schon befreit werden!«

William: »Die Reichen haben es nötig, von ihrem Geld befreit zu werden.«

Felipe: »Wenn die Armen sich befreien, dann werden die Reichen auch frei.«

Adancito: »Die Armen machen sie frei.«

Francisco: »Und die Armen haben auch die Möglichkeit, groß zu werden, wie der Messias, der aus dem Volk geboren wurde.«

Und alsbald waren bei dem Engel viele andere Engel des Himmels, die lobten Gott und sprachen: Ehre sei Gott in der Höhe und Frieden auf Erden allen Menschen, die lieben.

Der alte Tomás Pena fragt: »Waren diese anderen Engel, die erst später nach dem ersten Engel kamen, zurückgeblieben, weil sie einen längeren Weg hatten, oder hatte Gott sie vielleicht noch nicht erleuchtet?«

Ich: »Vielleicht hatten die Hirten sie noch nicht gesehen. Zuerst spricht ein Engel, und dann hören sie plötzlich auch andere …«

Tomás: »Ja, das ist wie hier: Wir hören alle, aber wir verstehen nicht alles sofort. So hatten sie den einen Engel gehört und nicht auf die anderen geachtet.«

Don Julio Chavarría: »In diesem Augenblick war Frieden auf Erden durch die Geburt des Kindes, und darüber freute man sich im Himmel. Ich glaube, das ist es, was die Engel singen.«

Edgard, ein junger Mann, der Franziskanermönch gewesen war und der jetzt bei uns zu Besuch ist: »Gott kann im Himmel nicht gelobt werden, solange es auf der Erde keinen Frieden gibt – das heißt Gerechtigkeit, Brüderlichkeit, Gleichheit. Das alles ist Frieden. Die Reichen glauben oft, sie lobten Gott, aber sie halten keinen Frieden und üben keine Gerechtigkeit. Darum loben sie Gott auch nicht wirklich, denn beides geht Hand in Hand.«

William: »Liebe und Friede auf Erden, das ist die wirkliche Ehre Gottes.«

Und sie kamen eilend und fanden beide, Maria und Josef, dazu das Kind in der Krippe liegen. Da sie es aber gesehen hatten, verbreiteten sie alles, was ihnen der Engel von diesem Kind gesagt hatte. Und alle, die es hörten, verwunderten sich sehr.

Julio: »Früher fühlten sie sich unterdrückt, und als ihr Befreier geboren war, da fühlten sie sich schon frei. Die Freude erzählten sie dann weiter.«

Tomás: »Und alle Leute freuten sich mit ihnen, oder besser gesagt, alle Armen, weil diese Neuigkeit hauptsächlich für sie bestimmt war.«

Maria aber behielt alle diese Worte in ihrem Herzen und dachte über sie nach.

Tomás: »Sie verwunderte sich nicht wie die anderen, weil sie vom Heiligen Geist erleuchtet war.«

Julio: »Wenn Maria das alles schon wußte, schon vor den Engeln, die es den Hirten verkündeten, warum erzählte sie es nicht selbst, warum wartete sie, daß die Engel es verkündeten? Ich glaube, sie hatte Angst, daß sie ihn töten könnten. Darum bewahrte sie das Geheimnis und erzählte es keinem weiter.«

Oscar: »Die Hirten erfahren es, der König und die Reichen erfuhren es nicht. Auch heute wissen nicht alle etwas von der Ankunft dieses Jesus.«

Julio: »Ich glaube, die meisten wissen davon, sie haben bloß Angst. Sie trauen sich nicht, so nah an Jesus heranzukommen wie die Hirten, weil sie Angst haben. Und dann gibt es natürlich auch viele, die nichts davon wissen.«

Ernesto Cardenal

Weihnachten im Schnee, das wünschen sich viele hierzulande. In China – unter den wenigen Christen im Riesenreich – geschieht's. In Nordchina kann es im Winterhalbjahr eisig sein. Der Maler Wang Su-Ta hat es 1946 so dargestellt.

Quer über die Szene, vor einer Felsenkulisse mit Stern (!) im Hintergrund, ragt ein fragiler schneebedeckter Baum auch über die leichtgebaute Geburtshütte mit ihrem Dach aus Bambusgeflecht. Auch der kleine Vorhof, in dem Bambusstauden wachsen, ist mit Bambusmatten eingefriedet. Oben im Gewölk vier kleine chinesische Engel, die Hände gefaltet. Rechts unten, traditionell in Kleidung und Frisur, eilt eine chinesische Hirtenfamilie – zwei Männer, eine Frau, zwei Kinder, zwei weißgekleidete barfüßige Jugendliche, einer dem anderen voraus – mit zwei Schafen zum Kind auf der Strohschütte. Maria betet es an. Josef zeigt auf das Kind. Hinter beiden je eine große Lichtsonne.

Es ist die klassische Geburtsszene, nur eben aus einem gänzlich anderen kulturellen Hintergrund heraus gesehen. So auch bei den Makonde in Schwarzafrika, so bei den Indios in Peru, so in Indonesien, im fernen Sibirien. Bei den Muslimen, der Koran erzählt es, gebiert Marjam nach der Ankündigung durch den Engel Ibril den kleinen Propheten Isa (Jesus). Und schon vor über 1000 Jahren wurde in unserem China, dem Land der Weisheit, das Krippenkind als der neugeborene Weisheitslehrer verehrt.

Geburt, Hirtenanbetung überall; das Weihnachtsfest der Christen ist – unbeschadet der Eigenständigkeit der Religionen, der Kulturen vor Ort – ein Weihnachten der Oikoumene, des Miteinanders aller Menschen in der ganzen Welt, geworden. Alle Menschen sehnen sich nach innerem und äußerem Frieden, nach Menschen- und Tierfreundlichkeit, nach Schalom. ›Et in terra pax‹ ist jedem zugesprochen, der es hören will.

Weihnachten, so hat man gesagt, ist ›ein echter Gewinner der (positiv gesehenen) Globalisierung‹. Kindgeburt in aller Welt, Hirten in aller Welt – mit christlichen Missionstendenzen hat das nichts zu tun, wohl aber mit einer Botschaft, die jedem aufmerksamen Menschen in dieser Welt etwas zu sagen hat.

Anbetung im Schnee. Ölmalerei von Wang Su-Ta. China 1946.
St. Augustin bei Bonn, Haus Völker und Kulturen.

Hirten der Anbetung. Ausschnitt aus einer Geburt Christi,
Gerard David (um 1460–1523). Budapest, Szépmüvészeti Museum.

In einer Höhle zu Betlehem,
in einer dunklen Höhle
kam er zur Welt,
zu meiner Welt,
zu deiner Welt,
zu unserer Welt.

Schwarz scheint die Sonne von Babylon,
Flüchtende heben die Hände,
und Nebel fällt
in meine Welt,
in deine Welt,
in unsere Welt.

Endliche Stunde: Jerusalem,
Ehre und Friede auf Erden.
Herrlichkeit fällt
in meine Welt,
in deine Welt,
in unsere Welt.

Refrain:
Lieber, ich sing dir mein Weihnachtslied,
und wer dich liebhat, der singe mit.
Finster die Nacht,
aber du machst sie hell,
Jesus, Lieber, Immanuel.

Klaus Berg

Die Darstellung des in Venedig arbeitenden Meisters Tintoretto ist durch eine zuvor in der venezianischen Malerei unbekannte ›Heftigkeit der Aktion‹ gekennzeichnet, die sich u. a. in übersteigerten Bewegungen äußert. Licht durchbricht den Flächenzusammenhang, hier durch weißen Farbauftrag an verschiedenen Punkten betont. Das Licht kommt von oben, wo zwischen dem Deckengebälk gerade noch zwei Engelköpfe zu erkennen sind. Mehr Himmel ist nicht zugelassen.

Höchst originell ist der an Bühnenbilder erinnernde zweigeschossige Bildaufbau. Oben im Heu die Heilige Familie. Links zwei Frauen (Hirtinnen). Die vordere hält mit der Linken einen Teller und mit der Rechten einen Löffel, als ob das Füttern des Kindes im Körbchen gegenüber gleich beginnen solle.

Unten links zwei Hirten, die Gaben heraufreichen, rechts ein anbetender Hirte und eine weitere Frau, die mit Blick zum Hirten rechts auf die im hinteren Stall unter dem Pfau und neben dem pickenden Hahn gelagerte Kuh zeigt. Der mit Eiern gefüllte Korb ganz vorn unterstreicht das ländlich-alltägliche, bäuerliche Flair des Ganzen.

Martin Luthers 1524 nach Caelius Sedulius (um 430) gedichtete Strophe »Er lag im Heu mit Armut groß, die Krippe hart ihn nicht verdroß. Es ward ein wenig Milch sein Speis, der nie ein Vöglein hungern ließ« ordnet sich hier ganz zwanglos zu. Und auch Ludwig Thoma (1867–1921) ist mit seinem Lied ›Heilige Nacht‹ nicht fern:

So ward der Herr Jesus geboren im Stall bei der kalten Nacht.
Die Armen, die haben gefroren. Den Reichen war's warm gemacht.
Sein Vater ist Schreiner gewesen. Die Mutter war eine Magd.
Sie haben kein Geld nicht besessen. Sie haben sich wohl geplagt.
Kein Wirt hat ins Haus sie genommen. Sie waren von Herzen froh,
daß sie noch in 'n Stall sind gekommen. Sie legten das Kind auf Stroh.
Die Engel, die haben gesungen, daß wohl ein Wunder geschehn.
Da kamen die Hirten gesprungen und haben es angesehn.
Die Hirten, die will es erbarmen, wie elend das Kindlein sei.
Es ist eine G'schicht für die Armen. Kein Reicher war nicht dabei.

Jacopo Tintoretto (1518–1594), Hirtenanbetung (1592). Venedig, Kirche San Giorgio Maggiore.

Wärst du, Kindchen, im Kaschubenlande,
wärst du, Kindchen, doch bei uns geboren!
Sieh, du hättest nicht auf Heu gelegen,
wärst auf Daunen weich gebettet worden.
Nimmer wärst du in den Stall gekommen.
Dicht am Ofen stünde warm dein Bettchen.
Der Herr Pfarrer käme selbst gelaufen,
dich und deine Mutter zu verehren.
Kindchen, wie wir dich gekleidet hätten!
Müßtest eine Schaffellmütze tragen,
blauen Mantel von kaschub'schem Tuche,
pelzgefüttert und mit Bänderschleifen.
Hätten dir den eignen Gurt gegeben,
rote Schuhchen für die kleinen Füße,
fest und blank mit Nägelchen beschlagen!
Kindchen, wie wir dich gefüttert hätten!
Früh am Morgen weißes Brot mit Honig,
frische Butter, wunderweiches Schmorfleisch,
mittags Gerstengrütze, gelbe Tunke,
Gänsefleisch und Kuttelfleck mit Ingwer,
fette Wurst und goldnen Eierkuchen,
Krug um Krug das starke Bier aus Putzig!
Und wie wir das Herz dir schenken wollten!
Sieh, wir wären alle fromm geworden.
Alle Kniee würden sich dir beugen,
alle Füße Himmelswege gehen.
Niemals würde eine Scheune brennen,
sonntags nie ein trunkner Schädel bluten, –
wärst du, Kindchen, im Kaschubenlande,
wärst du, Kindchen, doch bei uns geboren!
Werner Bergengruen

Giorgone (1478–1510), Anbetung der Hirten (1503). Ausschnitt. Washington, National Gallery of Art.

Noch einmal der Stall der Armut, der Stall im Dunkel, bretterverschlagen, kaum daß man Ochs und Esel im Hintergrund erkennt. Franziskanische Frömmigkeit, so hat man gesagt, habe im 14. Jahrhundert die ersten Bilder einer Nur-Hirten-Anbetung hervorgebracht. Die Brüder der Armut hätten bei ihren Bildaufträgen solcher Thematik den Vorzug gegeben.

Caravaggio, dieser wegen eines wüsten Lebens immer wieder verrufene und verfolgte Maler, der, weil man seine Genialität erkannte, dennoch nie von Gönnern und Auftraggebern verlassen war, steht in dieser Tradition. Er malte das Bild, kurz vor seinem Lebensende aus Rom geflohen, in Sizilien. Es zeigt seine Meisterschaft in der Hell-Dunkel-Behandlung. Psychologisch vermag er Menschen in ihrer armseligen Alltagswelt ganz real und dennoch voller Würde darzustellen. Maria im roten Kleid mit schwarzem Überwurf liegt, gestützt an die gemauerte Krippe, auf dem nackten Boden. Ohne zu den Hirten aufzublicken, drückt sie ihr Kind eng und innig an sich. Die Hirten aber, es sind drei, drängen von rechts her hinter Josef, der sitzend und sinnend Mutter und Kind betrachtet, herein. Der erste mit Glatze breitet die Hände. Der zweite, fast nackt, den Krummstab im Arm, hat seine Hände gefaltet. Er schaut voll hingegebener Verehrung auf das Kind, ebenso der dritte hinter ihm, der, leicht nach vorn gebeugt, seinen Stab mit beiden Händen fest umgreift. Caravaggios Lichtelemente, hier einer imaginären Quelle entstammend, liegen auf allen sechs Menschen und auf dem Tuch in den Gerätschaften links unten. Ganz dicht ist die Szene, voll gläubiger Intensität. Die Hirten erkennen im Kind der Frau am Boden den, der sich ihrer erbarmt. Das Bild, sicher eine der intimsten Hirtenanbetungen der Kunstgeschichte, spricht unmittelbar. Die Armut ist real. Diese Hirten kommen nicht von einem mit Engelsgesängen erfüllten Feld. Sie kommen von ihrer täglichen harten Arbeit. Die wenigen Strohhalme vor Maria am Boden mögen – verhaltenes Symbol – einen Stern andeuten und damit etwas über die Transzendenz im Alltag, dem ganz gewöhnlichen, sagen. Dazu dürfte der kompromißlose, so unglückliche »Maler der Dunkelheit«, dem man häufig Unheiligkeit vorwarf, dessen Bilder immer wieder Skandale auslösten, gewiß Zugang gehabt haben. Arme wissen um solche Geheimnisse.

Michelangelo Merisi, genannt Caravaggio (1571–1610), Anbetung der Hirten (1609). Messina, Museo Regionale.

In diesem Bild »bricht die sanfte Gewalt von Betlehem sich Bahn, damit aus Vorsätzen gute Werke werden, aus Stein Brot, Obdach, Segen«.
István Szamoskösi

Ein sehr stilles, ein meditatives Bild. Alles in Nahsicht, die großen Figuren im Vordergrund dicht zusammengerückt. Hieronymus Bosch aus 's-Hertogenbosch, Zeitgenosse von Leonardo da Vinci, malte sonst ganz anders: figurenreich aus überquellender Phantasie, grotesk, zugleich symbolträchtig. Er war der Maler des Spukhaften, Abgründigen, des Entsetzlichen, ja Teuflischen. Von dem allen hier nichts.

Überraschend, wie das nackte Kind auf den wenigen Halmen in der großen gemauerten Krippe uns ins Auge gerückt wird. Ganz still liegt es da, die Arme ruhig am Körper, den Blick zur Mutter hin. Kein Nimbus! Ein Menschenkind! Dazu die großen Köpfe der Tiere. »Ein Ochse blies die Krippe warm, der nah der Mutter stand«, heißt es in der ›Hirtenstrophe‹ von Peter Huchel. Und: »Ein Esel hielt sein Maul ins Heu, fraß Dorn und Distel sacht. Er rupfte weich die Krippenstreu. O bitterkalte Nacht!« Nun, Krippenstreu ist wenig vorhanden. Doch die Nacht ist bitterkalt. Denn: Im Nebenbild links oben wärmen sich zwei Hirten am offenen Feuer. Und rechts oben wird in eine kahle, winterharte Landschaft hinein verkündigt. Die beobachtende Elster auf dem Mauervorsprung aber soll, so manche Ausleger, die verborgene Gegenwart des Künstlers in seinem Bild bedeuten.

Wunderbar gemalt die Köpfe der Tiere. Der Esel in der Bildmitte, zwischen Marias gefalteten Händen und Josefs Ärmel – Vater und Mutter sind nicht arm, durchaus gut gekleidedet –, scheint um alles zu wissen. Über ihm, mit seinem Stab hinter dem brokatenen Vorhang, der einzigen Kostbarkeit im Bild, hervorlugend, ein Hirte, der mit leichtgeöffnetem Mund ganz seltsam blickt, staunend wohl, aber auch zweifelnd.

Die Hauptfiguren neben dem Kind aber sind die Eltern: Maria mit ihrem roten Haar und dem feingeschnittenen Mund in dem klaren Gesicht blickt anbetend ernst, gleichwohl liebevoll auf den Neugeborenen. Josef – scharfer Strich des Mundes in einem vergrämten Antlitz – schaut dennoch gütig. Die eine Hand am Herzen, hat er die andere behutsam dicht an den Kopf des Kindes gebracht, als wolle er es gleich streicheln.

Alles ganz still, verhalten und doch voll Anteilnahme und Wärme.

Hieronymus Bosch (1450–1516), Anbetung des Kindes.
Köln, Walraf-Richartz-Museum.

Finsternis bedeckt die Erde. Irgendwo ein kleines Licht.
Hirten wachen bei der Herde. Hirten wachen, schlafen nicht.
Finsternis bedeckt die Erde. Irgendwo ein neuer Ton.
Engel kommen zu den Hirten: Geht! Im Stall liegt Gottes Sohn!
Finsternis bedeckt die Erde. Irgendwo ein Pfad, ein Steg.
Hirten kommen zu der Krippe. Hier beginnt ein neuer Weg.
Finsternis bedeckt die Erde. Fürchtet euch, ihr Menschen, nicht,
macht es auch so wie die Hirten: Geht, und werdet selbst zum Licht!
Hans Jürgen Netz

Dies sind keine dunklen Könige wie bei Wolfgang Borchert, dies sind Könige der Pracht und der Herrlichkeit. Aus drei Richtungen kommend, treffen sie sich an einer Wegkreuzung, die, wie im Mittelalter häufig, durch einen hier kunstvoll ausgestalteten Bildstock ausgezeichnet ist. Gedacht wird der Ort nahe Jerusalem, doch ist die Stadt im Hintergrund – dies wohl als Antitypus – Paris (Notre-Dame, Sainte Chapelle!).

Die literarische Quelle für dieses Dreikönigstreffen ist eine Erzählung aus dem etwa 1370 entstandenen ›Buch der drei Könige‹ des Karmelitermönches Johannes von Hildesheim.

Schon das Armenische Kindheitsevangelium des 6. Jahrhunderts kennt neben Namen und Alter der Könige auch verschiedene Herkunftsländer: Melchior mit weißem Bart und Haar war König der Perser; Baltasar mit schwarzem Haar und Bart war König der Inder, und der junge Caspar war König der Araber. Unschwer sind die drei in unserem Bild wiederzufinden: rechts unten Melchior, über ihm Caspar, von links her Baltasar. Nach Johannes von Hildesheim waren sie zu ihrer Fahrt gerüstet »mit herrlichem Schmuck und königlicher Pracht, mit Pferden und Maultieren, mit Kamelen und einem großen Gefolge«. Die Brüder Limburg geben all das wieder, lassen zugleich ihrer Phantasie freien Lauf. Die ganze Exotik, die das europäische Mittelalter am fremden Morgenland so sehr faszinierte, ist enthalten, eine üppig überschäumende Fülle. Kostbare Gewänder und Hutkronen sehen wir, prachtvolles Pferdegeschirr, Turbane und flatternde Wimpel und nicht zuletzt exotische Tiere: Geparden, einen Bären, eine Riesenechse.

Alles unter dem Schweifstern. Die eigentlichen Anliegen des Bildes aber sind in einem Hymnus der Ostkirche ausgesagt: »Als die Magier den zu Gott eilenden Stern schauten, folgten sie seinem Glanz; und wie eine Fackel hielten sie ihn fest und suchten mit ihm den mächtigen Herrscher.«

*Gebrüder Limburg (1385/90–1416), Begegnung der Magier. Aus dem Stundenbuch
›Très riches heures‹ des Duc de Berry. Buchmalerei 1414–1416. Chantilly, Musée Condé.*

›Und weise Männer kamen aus dem Osten nach Jerusalem.‹ So hören wir es bei Matthäus. Wer sie waren?: Babylonische (oder persische oder parthische) Priester: Astronomen zugleich und Astrologen! Astronomen, weil man in der Sternwarte von Sippar am Euphrat, wie Dokumente belegen, die berühmte Begegnung des Jupiter mit Saturn im Zeichen der Fische, die ungewöhnlich hell aufstrahlende Himmelserscheinung, den ›Stern‹ des Matthäus, präzise für den Herbst des Jahres 7 vor Beginn der Zeitrechnung – darum gilt dieses Jahr auch als das Geburtsjahr Jesu – vorauszuberechnen wußte. Astrologen, weil diese Priester (Magier) als Sterndeuter mit Jupiter einen endzeitlichen Weltenherrscher, mit Saturn das Land Palästina verbanden. Kurz: Die Supernova des Jahres 7 vor zeigte ihnen an, daß in Palästina, dem Land der Juden, ein neuer Weltenherrscher geboren sein mußte. Konsequent von daher ihre Frage in der judäischen Hauptstadt Jerusalem: »Wo finden wir das neugeborene Kind, den König der Juden? Wir haben seinen Stern aufgehen sehen und sind gekommen, ihn anzubeten.« (Matthäus 2,2) Festzuhalten bleibt, daß dieser Magierstern, dieser Wunderstern, eindeutig historisch ist. Johannes Kepler hat diese alle 754 Jahre auftretende große Konjunktion (coniunctio magna) am 10. Oktober 1604 noch einmal neu berechnet.

Was aber zeigt unser Bild? *Ein* Motiv der überaus reichen legendären Ausfächerung der Matthäuserzählung über die Jahrhunderte hinweg. Aus den Magiern waren bereits im 2. Jahrhundert in der Ostkirche, bezogen auf Psalm 72,10 f., Könige geworden. Ihre Dreizahl hatte man von den drei Gaben Gold, Weihrauch und Myrrhe abgeleitet. Im frühen Mittelalter überlieferte man weiterhin, verbunden mit den drei Lebensaltern, ihre Namen: Melchior, Bringer des Goldes, war der alte, Caspar, Bringer des Weihrauches, der junge, Baltasar, Bringer der Myrrhe (später oft dunkel dargestellt), der mittlere König. Im 10. Jahrhundert, in der ottonischen Epoche, tragen die drei in den Bildern erstmals Kronen. Ihre (angeblichen) Gebeine ruhen heute, im 12. Jahrhundert aus Mailand überführt, im größten und kostbarsten Reliquienschrein der Christenheit, dem Dreikönigsschrein im Hohen Dom zu Köln.

Unser Bild entstand im 15. Jahrhundert. Es zeigt die drei Könige, wie sie den

Stern mit der Gestalt des nackten Jesuskindes darin anbeten. Rogier van der Weyden, Stadtmaler in Brüssel, einer der bedeutendsten Vertreter der frühen niederländischen Malerei, hat sich – und er malte das Motiv, soweit man weiß, als erster – genau an einen Satz aus der Legenda Aurea des Jacobus de Voragine (1228–1298), dieser umfangreichen Legendensammlung, die im Mittelalter weiter verbreitet war und mehr gelesen wurde als die Bibel, gehalten: »Die drei Weisen waren auf einem Berg im Gebet versunken, da erschien vor ihrem Angesicht ein Stern, der die Gestalt des schönsten Kindes hatte.«

Vorläufer dieses Legendenmotivs finden sich bereits früh. Aurelius Prudentius (348–402), der größte Dichter der christlichen Antike, läßt z. B. in einem Lehrgedicht die Magier sagen: »Wir sahen diesen Knaben meteorhaft erscheinen, ja überstrahlen die älteren Gestirne mit lichterer Leuchtspur.«

Kostbar sind die Gewänder dieser Könige. Sie haben ihre Kronen abgelegt, sind auf die Knie gefallen. In tiefster Demut bringen sie dem Sternenkind ihre Verehrung dar.

Rogier van der Weyden (1400–1464), Anbetung des Sterns.
Sogenannter Middelburger Altar. Rechter Flügel.
Berlin, Staatliche Museen Preußischer Kulturbesitz,
Gemäldegalerie.

Sasetta (Stefano di Giovanni, 1392–1450), Die Reise der Heiligen Drei Könige (1432–1436). Fragment.
New York, The Metropolitan Museum of Art.

Sasetta war der wichtigste Maler Sienas im frühen 15. Jahrhundert. Sein Bild,
unter zugleich hellem wie kaltem Licht, ist von herber und strenger Schönheit.
Die drei Könige – zwei im Gespräch – reiten je auf einem schwarzen, weißen
und braunen Pferd nebeneinander. Die bergige Landschaft ist winterlich dürr.
Am blauen Himmel eine Kette stilisierter Zugvögel in gleicher Richtung wie
der Königszug. Über dem felsigen Berghang vorn aber steht vielstrahlig, mit
seinem Schweif nach unten, der wegweisende Stern.

Drei Kön'ge wandern aus Morgenland;
ein Sternlein führt sie zum Jordanstrand.
In Juda fragen und forschen die drei,
wo der neugeborne König sei?
Sie wollen Weihrauch, Myrrhen und Gold
dem Kinde spenden zum Opfersold.

Und hell erglänzet des Sternes Schein,
zum Stalle gehen die Kön'ge ein;
das Knäblein schauen sie wonniglich,
anbetend neigen die Kön'ge sich.
Sie bringen Weihrauch Myrrhen und Gold
zum Opfer dar dem Knäblein hold.

O Menschenkind! Halte treulich Schritt!
Die Kön'ge wandern, o wandre mit!
Der Stern der Liebe, der Gnade Stern,
erhelle dein Ziel, so du suchst den Herrn.
Und fehlen Weihrauch, Myrrhen und Gold,
schenke dein Herz dem Knäblein hold!

Schenk ihm dein Herz!

Peter Cornelius

Der Dichter und Komponist Peter Cornelius (1824–1874) schuf mit Text und Melodie von ›Drei Kön'ge wandern‹ ein Kunstlied, das unter den Weihnachtsliedern des 19. Jahrhunderts einen besonderen Rang einnimmt.

Benozzo Gozzoli (1420–1497), der alte König. Ausschnitt aus dem Teilbild des Zuges der Heiligen Drei Könige (1459–1461). Freskomalerei. Florenz, Hauskapelle im Palazzo Medici-Ricardi.

Von Askalon bis nach Jerusalem sind es nicht mehr als zwei Tagesreisen, wenn man so gut beritten ist wie Muhamed und Ganguly.

Es sollte sich aber zeigen, daß Habakuks Eselin nicht – wie die beiden insgeheim gefürchtet hatten – das Tempo der Reise verlangsamte. Wenn auch Habakuk am Schluß der kleinen Karawane ritt, so trippelte sein Reittier doch leicht und beharrlich dahin, und wenn auch Muhamed gelegentlich seinem Araberhengst ungeduldig die Sporen gab und, in einem rasanten Zwischengalopp, Staub aufwirbelnd, voraussprengte – das Schrittmaß bestimmten die schleppfüßigen Kamele und Dromedare. Wenn es Verzögerungen oder Aufenthalte gab, so kamen sie vor allem von diesen, die einmal ein Stück ihrer Last verloren, ein andermal sich untereinander stritten, ein drittes Mal sich ohne ersichtlichen Grund störrisch zeigten. Es sind wohl doch zumeist die Kamele und die Esel, die das durchschnittliche Tempo des Fortkommens bestimmen.

So hoch und dekorativ freilich der Inder auf seinem Reittier thronte, und so kühn und herrscherlich sich Muhamed in seinem wehenden Burnus ausnahm – der heimliche Führer, das Herz und das Hirn der Gruppe war Habakuk. Seit er zu den beiden anderen gestoßen war, schien die ungewisse Dämmerung zu weichen, das Geheimnis einen Namen zu erhalten. Dem neuen Sternbild würde sich nun ein neues Schicksal zugesellen.

Wer aber sollte der Heilige sein, den der jüdische Prophet mit einer Flamme verglichen hatte, deren heißer Atem alle Dornen und Hecken anzünden und verzehren würde auf einen Tag?

Abends, nachdem sie ihre Tagesreise zurückgelegt und eine günstige Raststelle ausfindig gemacht hatten, saßen sie am Lagerfeuer wieder beisammen vor einer kleinen Felseinbuchtung, abgeschirmt durch die Zelte Gangulys und Muhameds und ihren kleinen Troß. Die Wüstenfüchse bellten, und die Nacht war bewölkt und kühl.

Sie hatten ein einfaches Nachtmahl eingenommen und beschlossen, am nächsten Morgen früh aufzubrechen, um ihrem Ziel Jerusalem möglichst nahe zu kommen. Denn Jerusalem, so hatte Habakuk ihnen gesagt, sei die Brücke, über die man ans andere Ufer, ins neue Leben, in einen neuen Äon gelangen werde. Aber *was* sie am jenseitigen Ufer erwarten würde, das wußte auch er nicht zu sagen, obwohl er der Landeskundige, der Schriftgelehrte, der Heilsbesessene war …

Doch – mit einem Male begann er zu reden, wie im Selbstgespräch und ihnen unverständlich, in der Sprache seiner Väter. Seine Rede war zunächst leise, stockend, tastend; aber dann überstürzte sie sich.

Es war, als ob ein Gedanke den anderen, eine Erinnerung die andere überholen wolle. Er schien sich selbst davonzulaufen.

Dann jedoch hielt er inne. Wie ein Erwachender sah er um sich, ein wenig schuldbewußt, und bat die Reisegefährten um Verzeihung für sein seltsames Gebaren, seine Abwesenheit.

»Ich war nicht mehr bei mir«, sagte er entschuldigend. »Ich war weit in den Jahrhunderten, die hinter uns liegen, und war auch in denen, die noch kommen werden. Adler haben mich getragen.« Er lächelte. Und nach einer Weile schloß er an: »Wir werden das Heil sehen, meine Freunde. Gott hat meinen Verstand erleuchtet und meine Augen sehend gemacht.«

Dann schob er ein paar Reiser in das Feuer, hieß Muhameds Gehilfen trockenen Kamelmist bringen, den er mit den Gebärden eines Krankenpflegers, der einem Verletzten ein Pflaster auflegt, behutsam ins Feuer verteilte, lachte einige Male leise dabei, als ob er sich eines gelungenen Scherzes erinnere, und dann hockte er sich näher zu den beiden und berichtete von dem, was ihn bewegte und beschäftigte.

Er sprach von einem neuen König, den die großen jüdischen Propheten vorausgesagt hätten und der jetzt kommen müsse und den sie vielleicht schon in wenigen Tagen von Angesicht zu Angesicht sehen würden. Die Propheten hätten ihm wunderbare Namen gegeben: Weiser Rat, Held, Friedefürst, Ewigvater …, sein Leib werde wie Türkis sein, seine Rede Donner, sein Antlitz wie ein Blitz. Seine Augen aber würden wie feurige Fackeln leuchten und sprühen.

»Wenn sie nur sprühen wie die deinen«, sagte Muhamed in lächelnder Verwunderung, »will ich schon zufrieden sein.« Und Ganguly nickte dazu, auch er lächelnd. Sie sahen staunend die lodernde Begeisterung, die Habakuk ergriffen hatte, und liebten ihn dafür.

Aber dieser schien der Einrede nicht zu achten. Er war schon wieder bei seinem Friedefürsten, der endlich, endlich das Verlangen aller Welt stillen und den so bitter entbehrten Frieden bringen werde, der erhoffte Messias, der erwartete große Immanuel, der Ersehnte aller Völker, der kommen werde, *auf daß seine Herrschaft groß werde und des Friedens kein Ende sei auf dem Stuhl Davids und in seinem Königreich, daß er es zurichte und stärke mit Gericht und Gerechtigkeit von nun an bis in Ewigkeit.*

Ach, Habakuk malte den beiden ein Reich, daß ihnen die Ohren widerhallten und die Augen übergingen. Es werde »*ganz*« friedlich zugehen in diesem Reich des neuen Königs. Und wie es zugehen würde, dafür stand ihm die Weissagung des Jesaja, welche er ihnen hersagte:

Beim Lamm wird verweilen der Wolf, der Leopard lagert beim Böcklein. Kalb und Löwe mästen sich gemeinsam. Ein kleiner Knabe kann sie hüten. Kuh und Bärin freunden sich an, ihre Jungen lagern beieinander, der Löwe frißt Stroh wie das Rind, der Säugling spielt am Schlupfloch der Otter, nach dem Jungen der Viper greift das Kind mit der Hand. Die Erde wird voll der Erkenntnis des Herrn sein, wie Wasser das Meer bedeckt.

Die Worte flossen von Habakuks Zunge wie Honig aus übervollen Waben, und unter seinen Gebärden legten sich die wildesten Bestien, schossen Zedern aus dem Wüstensand, enthüllte der bedeckte Himmel seine Sternbilder, unter denen auch das ihre hell erstrahlte, tröstlich und Hoffnung weckend.

»Es geht eine wunderbare Kraft aus von dir und deinen Worten«, sagte Ganguly warm, den Blick an die Sterne geheftet, »eine Kraft, wie ich sie noch von keinem Lebendigen jemals erfahren habe. Und wenn ich auch nicht glauben kann, daß meine alten Augen dieses Reich des Friedefürsten auf unserer Erde noch erschauen werden, so hast du es doch mein geistiges Auge erschauen lassen. Wer kann wissen, *was* möglich ist und was nicht. Ich weiß nur, daß wir ärmer wären als der Wurm im Staube, wenn wir nach dieser Läuterung nicht verlangten und nicht hoffen würden über alle getäuschte Hoffnung hinaus.«

»So ist es«, sagte Muhamed, und Habakuk, fast heiter, schloß an: »Wir haben unseren Stern.«
Rudolf Hagelstange

Ganguly heißt in dieser Erzählung der alte König, der anderswo Melchior genannt wird.

Die Mönchsmaler des luxemburgischen Klosters Echternach schufen um 1030 in einem ganz eigenwilligen, stärker erzählenden Stil als dem der berühmten Reichenauer Malerschule das Goldene Evangeliar, eine Prachthandschrift, in deren Miniaturen sich Episode an Episode reiht. Die beiden hier wiedergegebenen Streifenbilder schildern nach Matthäus 2, 1–5 und 16–18 den Besuch der Könige bei Herodes und den Kindermord in Betlehem.

Oben thront Herodes wie ein ottonischer Herrscher in vollem Ornat in seinem Palast. Vor ihm sitzen die Auskunft gebenden Schriftgelehrten (drei Männer mit Buch auf einer Bank), dahinter die fragenden Könige: »Wo finden wir den kommenden König der Juden? Wir haben seinen Stern aufgehen sehen!«

Unten das grausige Geschehen des Kindermordes. Fast immer in der ottonischen Epoche ist die Szene so wie hier komponiert: Herodes schaut dem Gemetzel persönlich zu! Die Streifeninschrift oben lautet: ›Rex quia turbatur infantum turba necatur‹ = ›Weil der König in Bestürzung versetzt ist, wird der Haufe der Kinder ermordet.‹

Der Kindermord ist unhistorisch. Das Mittelalter wußte sich in Bild und Text des von Matthäus erzählten betlehemitischen Unheils indes immer wieder schaudernd zu erinnern. So heißt es in einem Spiel des 13. Jahrhunderts von Herodes, der sich durch die Magier getäuscht sieht: »Es packt ihn eine große Wut. Er sagt zu den Vasallen: ›Geht! Soviel Knaben ihr dort seht, ergreift sie alle, schlagt sie tot!‹ – Erbarmungslos und ohne Seel' befolgten sie des Herrn Befehl.«

Eine Liedstrophe des 14. Jahrhunderts faßt alles noch einmal zusammen:

> Die Könige in weiter Fern' erfuhren neue Märe
> von einem himmlischen Stern, wie Christ geboren wäre
> wohl über alle König' groß. Herodes dieses sehr verdroß.
> Aus sandt' er seine Boten. O welch ein böse falsche List
> erdacht er wider Jesum Christ. Die Kindlein ließ er töten.

Die Könige bei Herodes und der Kindermord. Goldenes Evangelienbuch von Echternach (Codex Aureus Epternacensis). Buchmalerei um 1030. Nürnberg, Germanisches Nationalmuseum.

Fast habe ich ihre Namen vergessen … Der eine war hager und älter – mit silbernem Haar. Ich glaube, ein Inder. Er war von jenen dreien am längsten gereist. Dann war da noch der Schwarze, ein Fürst vom oberen Nil, ein Herakles mit einer Seele wie Zunder. Der dritte hieß Habakuk, war vom Schicksal verschlagen ins Land unsrer Flucht, nach Alexandria. Fromm und gelehrt, Jude wie wir, doch wie ein Messer geschliffen und federnd wie eine Bogensehne.

Wir beide waren bescheiden beritten, Esel bei Esel, indessen die andern, zumal die Diener, hoch zu Kamelen und Dromedaren reisten. Ausgenommen meine Maria auf ihrem Schimmel und ihr zur Seite, ein schützender Schatten, der Schwarze auf dem Araberhengst. Sie war so jung und schwach noch von der Geburt und bangte ums Kind, um sein Leben.

Wir brachen auf, als sich der Himmel zu röten begann. Betlehem schlief noch. Die Vögel regten sich eben im Laub. Ach, schwer war mein Herz … Wer geht schon gern außer Landes? Heimstatt und Werkstatt ließ ich zurück, Sprache und Nachbarn. Hätte ich nicht die neuen Freunde gewußt, die mit Zuspruch und Tat unsere Nöte zwingen halfen, ich weiß nicht …

Wir waren drei Tage auf Nebenstraßen südwärts geritten. Beschwerlicher Weg. Die Mühe lohnte: Keiner behelligte uns. Wir litten zwar Mangel an Frucht und Wasser – aber der jungen Mutter fehlt' es an nichts. Ihr gab man den letzten Bissen und Schluck, damit sie ihr Kindchen stillen konnte, das meist nur schlief. Schlief oder trank. Der findige Inder hatte aus Kräutern einen Saft bei sich. Mit dem ward ein Stück Tuch getränkt; an ihm sog das Kind und schlief dann – fast wie ein Totes.

Es nahte die Grenze und mit ihr Gefahr. Es war der Schwarze, der sie mit Listen umging. Er und der Inder, sie zogen mit Troß und Gepäck voraus. Nur Männer! Einschließlich dessen, den er tief schlafend an seinem Herzen hinübertrug, während wir jüdischen Bürger – der Alexandriner, Maria und ich – betend und bangend verharrten, bis uns die Stunde günstig erschien und das Kindchen gerettet, das eins war und alles für uns und die drei.

Man fragte uns aus. Ich war Habakuks Diener. »Das Mädchen, die – Frau?« – »Die ist eine Magd des Herrn da!« Und der zeigte sich – herrisch! In allen Sprachen war er zu Haus und wies Zöllner und Legionäre streng in die Schranken. Wunder der Sprache, beredtsamer Zunge! Wie glotzende Kälber hielten sie Maulaffen feil, verschlangen Maria mit gierigen Blicken, vergaßen sogar nach dem Kinde zu fragen, um dessentwillen sie Häscher zu spielen hatten, und – ließen uns ziehen.

Zwei Stunden später – Zelte an einer Biegung – sahn wir uns wieder. Es war, bei Gott, eine zweite Geburt. Der Schwarze – Muhamed hieß er – stand am Wege und hatte das Kindchen im Arm. Er sah uns und hob den schreienden Heiland hoch in die Luft, als hielt' er das Licht der Welt, der Hungernden Brot, den Rettungsanker, und gab ihn der lächelnden Mutter lächelnd zurück. Und auch dem Vater.

Alles andere schien fast alltäglich. Die Fremde, das Eingewöhnen, die Arbeit …

Habakuk war uns ein unermüdlicher Helfer. Er blieb uns am längsten. Es waren dennoch kärgliche Jahre. Und Heimweh ist Heimweh.

Dann aber ward uns der Tod des Tyrannen Herodes gemeldet. Und dies war wie eine dritte Geburt.

Doch eins war mir stets und bleibt wie ein Wunder: daß diese Weisen, wie ferne Gestirne, uns nahe kamen, ganz nah, und entschwanden im All und in Nichts. Ich denke oft noch an diese drei zurück, wie man denkt an Kindheitstage, an zärtlichste Augenblicke, an trotzigen Mut und an kühne Hoffnung auf endlichen Frieden.

Ich kann's nicht vergessen.
Rudolf Hagelstange

Seit dem frühen 4. Jahrhundert nehmen alt- und neutestamentliche Bild-
folgen auf den christlichen Sarkophagen prägnante Gestalt an. Die Magier-
huldigung, in Katakombenmalereien bereit im 3. Jahrhundert dargestellt,
taucht jetzt erstmals auch in der Skulptur auf.

Mit seinen dichtgedrängten Figurengruppen – es sind vor allem auf Aufer-
stehung und göttliche Endzeit verweisende Wunderszenen – stellt unser Sarko-
phag bereits einen Höhepunkt frühchristlicher Sarkophagplastik dar. Vermutlich in einer römischen, vielleicht sogar kaiserlichen Werkstatt gearbeitet und
dann nach Arles verschifft, zeigt er in der unteren Zone links das ganz aus der
Bewegung heraus gestaltete Kommen der astronomisch-astrologisch geschul-
ten Magier aus östlichem Land zur Gottesmutter auf dem verhüllten (= heiligen) Königssessel. Sitzen war in der Antike herrscherliches Vorrecht.

Äußerlich zeichnet die Magier langwallendes Haar – nicht die in frühchristlicher Zeit sonst so häufige phrygische Mütze – aus. Hosen und kurze Tuniken
mit einem Überwurf tragen sie. In dynamischer Bewegung eilen sie auf das
Kind zu. Der erste hat sich zu den beiden anderen zurückgewendet. Er zeigt
ihnen den Stern über dem Kind (auf dem Querbalken erkennbar). Wunderbar
die Kamele im Hintergrund!

Maria ist hier (um 325!) bereits die ›Theotokos‹, die
königliche ›Gottesgebärerin‹, zu der sie offiziell erst
hundert Jahre später (auf dem Konzil von Ephesus
431) erhoben wurde. Der erste Magier überbringt
dem göttlichen Kind (dessen Gesicht zerstört ist)
einen Goldkranz (aureum coronatum), dem olympi-
schen Kranz nachgebildet, wie ihn sonst nur tribut-
pflichtige Städte und Provinzen als Zeichen ihrer Verehrung dem Kaiser in Rom zukommen ließen.

Sarkophage de la Trinité. 1974 bei Trinquetaille, einem Vorort von Arles, an der Straße nach
Saintes-Maries-de la Mèr gefunden. Aus dem Mausoleum einer Familie im Senatorenrang. Um 325. Ausschnitt.
Arles, Musée de l'Arles Antiques.

Was sollen wir dir, Christus, bieten,
jetzt, da du dich für uns auf Erden zeigst als Mensch?
Alle Kreatur, aus dir hervorgegangen, bringt dir ein Zeugnis der Dankbarkeit:
der Himmel – den Stern, die Engel – ihren Lobgesang, die Magier – ihre Gaben.
Germanos von Konstantinopel

Dieses großartig komponierte, erzählende Relief, in der Ghiberti-Nachfolge entstanden (Lorenzo Ghiberti, 1378–1455, schuf die weltberühmten Türen am Baptisterium des Domes von Florenz), verbindet den Zug der Könige mit der Anbetung.

Es ist ein Vierszenenbild: von oben, zwischen Fels und Bäumen, der Troß der Könige; rechts, angebunden, zwei Königspferde, auf dem dritten sitzt noch der Knappe; unten der mittlere und der junge König (dieser nimmt gerade seine Krone ab), mit ihren Gaben in der Hand einander zugewandt; links unten der alte König in Proskynese (= Sich-nieder-Werfen vor dem Herrscher, Gestus der extremen Ehrerbietung und Selbsterniedrigung) vor dem Kind, das Maria ihm entgegenhält, dessen Fuß er mit der Rechten umgreift und das über ihm die kleine Hand zum Segen erhebt. Auf der linken Seite wunderbar der Stall mit Ochs und Esel über der gefüllten Futterkrippe. Rechts davon ein Lilienstock mit sechs Blüten (die Lilie Symbol der Reinheit Marias) aus der Erde hervorsprossend. Und über allem, von einem Engel gehütet, der große achtzackige Stern der Weihnacht.

Du bist als Stern uns aufgegangen,
von Anfang an als Glanz genaht.
Und wir, von Dunkelheit umfangen,
erblickten plötzlich einen Pfad.
Dem Schein, der aus den Wolken brach,
gingen wir sehnend nach.

Am Ende unserer weiten Fahrten
gabst du uns in dem Stalle Rast.
Was Stroh und Krippe offenbarten,
ward voll Erstaunen nur erfaßt.
Die Zeichen blieben nicht mehr Bild,
Verheißung war erfüllt.

Jochen Klepper

Michele da Firenze (um 1436), Anbetung der Magier, Terrakotta-Relief.
Verona, Pellegrini-Kapelle in der Kirche S. Anastasia.

Eine Königsanbetung par excellence: Eine klassische Maria der Gotik mit Kind, freundlich ehrerbietige Könige, eine gläubige Menge, die spätgotische Stadt mit wuchtigem Schloß, mit Türmen und Bürgerstraße, mit Landschaftsblick durch die noch sehr stabile Ruine (links in einem Treppenaufgang fast verborgen Josef), kostbare Ausführung der Einzelheiten, milde leuchtende Farben, ein glücklicher Ausgleich zwischen Fläche und Raum, zwischen Bewegung und Ruhe – all das macht den Reiz dieses zu intimer Betrachtung einladenden Bildes aus. Der Kunsthistoriker Wolfgang Schöne beschrieb es so: »Die von stiller Größe erfüllten Ordnungen treten zu feierlichen Harmonien zusammen; persönliche Wärme bewegt den getragenen Ton.«

Der in der van Eyck-Nachfolge stehende Brügger Maler Gerard David hat einen Satz aus einem mittelalterlichen Weihnachtsspiel kongenial umgesetzt: »Seht her, das Kind, das ihr sucht. Es ist ja das Heil der Welt.«

Das Wissen von der bunten Welt,
vom Meer und seinen Häfen,
vom Mond und Stern am Himmelszelt,
wir streifen's von den Schläfen.

Das Ich, das trotzig sich erschuf
über den andern allen,
will nun wie ein verlorner Ruf
im Innersten verhallen.

Wir neigen unsers Alters Gram
auf deine kleinen Hände.
Und in dem Neigen wundersam
geht alle Not zu Ende.

Manfred Hausmann

Gerard David (um 1460–1523), Anbetung der Könige (1510–1515). Tafelbild. London, The National Gallery.

Ein Meister der Schnitzkunst war hier am Werke, ein frommer Theologe. Klein sind die Könige vor der übermächtig großen Maria. Diese ist, stolz in der Haltung, im Prachtgewand und mit dem edelsteinbesetzten Stirnreif eine Königin. Mit großen Augen und verhärmtem Mund schaut sie auf die Besucher hernieder, zugleich in eine andere Welt – sie weiß um die Zukunft des Sohnes. Die Könige aber, eng gedrängt mit ihren Stäben, Kronen und Gaben, demütig in der Huldigung, sind dennoch voller Würde und Weisheit. Psalm 72 kommt in den Sinn: »Alle Könige sollen vor ihm niederfallen und alle Völker ihm dienen. Er soll leben und man soll ihm geben vom Gold aus Saba. Man soll immerdar für ihn beten und ihn täglich segnen.« (Verse 11,15) Ebenso Jesaja 60,6: »Sie werden aus Saba alle kommen, Gold und Weihrauch bringen und des Herrn Lob verkündigen.« Ja, sie bringen Gold als ›signum regis‹ (›Zeichen des Königs‹), Weihrauch als ›signum dei‹ (Zeichen des Gottes) und Myrrhe als ›signum sepulturae‹ (›Zeichen des zukünftigen Begräbnisses‹).

Und dann das Kind unter dem großen Kreuznimbus, das Königskind mit dem Buch in der Linken, mit der Rechten auf den Stern zeigend und zugleich die Könige segnend. Geborgen im Schoß der Mutter, und doch der Herr. Das Kind, wie es in einer mittelalterlichen Meditation heißt, »das noch nicht sprechen kann und doch schon Ernst und Reife besitzt wie einer, der alles versteht«.

Behutsame Geste: Maria überreicht dem Sohn, den sie mit der Linken zart hält, mit der Rechten einen kleinen Strauß Blumen.

Und dann der Stern, das Zeichen, schwebend im Raum, über den Königen und dicht vor Marias Augen. Alles vollzieht sich in einem ›königlichen Saal‹. Die geschwungenen Vorhänge, die Säulen an den Seiten deuten es an.

In ihrem Gedicht ›Dreikönigsritt‹ sagt Dagmar Nick: »Es war da nur in einem Stall ein Kind, um diese Herrscher völlig zu zerscheitern. Und diese stürzten auf den Boden vor dem großen Lichte und knieten außer Sinnen, lange, lange.«

Goethe aber weiß: »Am Ende sind wir alle Könige, pilgernd zum Ziel.«

Anbetung der Könige. Walbeinrelief. Vermutlich von einem Schrein. Um 1130.
London, Victoria and Albert Museum.

Dies ist nun ein gänzlich anderer Königsbesuch beim Kinde. Pieter Bruegel d. Ä., der flandrische Maler des bäuerlichen Alltags, berühmt durch seine szenischen Darstellungen aus dem Leben der einfachen Menschen, auch der sozial Unterprivilegierten, zeigt in dieser Nahansicht, daß das Fest der Erscheinung Christi (6. Januar), das Fest des Besuches der Heiligen Drei Könige beim Kind, ein Fest für *alle* Menschen ist. Z. B. kommen Bewaffnete, die sonst für das Töten zuständig sind, zur Heiligen Familie. Der eine über Mutter und Kind staunt aus großen Augen.

Die Nähe zum Alltäglichen kommt in einer weiteren Königsanbetung Bruegels, es ist seine 1567 gemalte modernste Umsetzung des Geschehens, noch stärker zum Ausdruck: Hier fallen Schneeflocken – niemals malte jemand dergleichen zuvor – über die ganz an den Rand des großen Dorfbildes gerückte, kaum noch erkennbare Anbetungsszene.

In unserem Bild fällt auf, daß getuschelt wird – jemand flüstert dem weißhaarigen Mann mit dem großen Hut in den Händen hinter Maria (Josef?) etwas ins Ohr. Und es wird gefeixt (Kopf rechts oben).

Aber es gibt auch die anderen Elemente im Bild: tiefste Verwunderung in den Augen des schwarzen Königs mit dem Goldschiff rechts, demütigste Verehrung bei dem alten König mit seiner Goldschale zu Füßen des Kindes – Maria mit ihren lieblich-sanften Gesichtszügen und das wohlig-weiche Kind wenden sich ihm zu – und uralt-weisheitliche Strenge, mit Milde gepaart, im häßlichen Angesicht des leichtgebeugten dritten Königs. Links oben, in der Schar unter Spießen und Hellebarden, ein ganz offenes Soldatengesicht, daneben ein Alter, dessen Augen voller Liebe auf Mutter und Kind ruhen.

Bruegels Farben, z. B. in den Königsgewändern, nicht zuletzt in Marias Kleid und Überwurf, sind von hoher Delikatesse. Marias Hand, den Königen entgegengestreckt, steht in der Bildmitte.

Mit seinem Dreikönigsbild überbrachte der eigenwillige Künstler eine eindeutige Botschaft: Jeder, aber auch jeder, darf mit den Königen zum Kind kommen.

Pieter Bruegel (um 1525–1569), Anbetung der Könige (1564). London, The National Gallery.

Die drei Könige und ihre Knechte auf dem Heimweg

Die Geschichte von den drei Königen hört dort auf, wo sie ihre Kronen abnehmen, vor dem Kind in der Krippe niederknien und ihm ihre Geschenke hinlegen. Aber wie geht sie denn nachher weiter? Sie mußten ja wieder aufstehen, ihre Kronen aufsetzen und ihre königlichen Rollen weiterspielen. Aber wie ist dies möglich, wenn man dem Kind in der Krippe begegnet ist, das auf alle Kronen und Rollen der Macht verzichtet hat? Wie ging die Geschichte weiter?

Mitten in der Nacht erhielten die drei Könige im Traum die Weisung, nicht mehr nach Jerusalem und zu Herodes zurückzukehren. Sie erwachten darob und standen sogleich auf. Sie weckten ihre Diener, die ahnungslos neben den Kamelen schliefen, und befahlen ihnen die Zurüstungen für den Aufbruch.

Heimlich und leise traten sie in die Nacht hinaus. Es war ganz dunkel. Kein Stern stand am Himmel, kein Stern begleitete sie. Jener eine, der ihnen den Weg zur Krippe gewiesen hatte, war seit der Begegnung mit dem Kind verblaßt und verschwunden. Ihn konnten sie nicht mehr nach dem Weg fragen. Welchen Weg aber sollten sie gehen?

Es kam nur eine Richtung in Frage, die von Jerusalem wegführte und die Flucht ermöglichte. Dahin wandten sie sich und ritten ins Dunkle hinein. Hinter ihnen her rannten die Knechte über Stock und Stein. Es sah gar nicht besonders königlich aus.

Als sie einige Zeit durch die Nacht geflohen waren, kamen sie plötzlich nicht mehr weiter. Vor ihnen lagen Felsen und Schluchten, in denen man sich leicht und gefährlich verirren konnte. Sie stiegen ab und berieten sich miteinander. Da aber die drei Könige lauter kluge und mächtige Herren waren, hatten sie auch verschiedene Ansichten über die weiteren Schritte. Sie konnten sich nicht einigen.

Während ihrer Beratung kamen allmählich auch die Knechte herbeigekeucht und hörten zu. Auf einmal sagte einer von ihnen: »Ich weiß, wo sich ein Weg durchschlängelt.« Aber seine Bemerkung wurde übel aufgenommen.

Einer der Könige sagte: »Seit wann reden Knechte, ohne gefragt zu werden? Wo kämen wir hin, wenn jeder mitreden wollte!«

Der Knecht wagte einen zweiten Versuch und antwortete: »Mein Herr mag entschuldigen. Ich erinnere mich, daß wir vor einigen Stunden gemeinsam vor dem Kind niedergekniet sind. Da meinte ich, wir könnten vielleicht auch gemeinsam in die Dinge der Welt hineinknien.«

Der zweite König erwiderte rauh: »Wir knien jetzt nicht mehr vor einer Krippe. Wir stehen draußen im kalten Wind. Da gelten andere Gesetze. Da gibt es Könige und Knechte, Herren und Diener, jeder an seinem Ort.« Nach dieser Antwort zogen sich die drei Knechte eingeschüchtert zurück. Der dritte König hatte bisher nichts gesagt. Er hatte nur erschrocken vor sich hingeschaut, als ob er etwas gesehen hätte. Und jetzt schaute er noch immer die Knechte an, wie wenn er sie erstmals sehen und erkennen würde. Dann wandte er sich seinen königlichen Gefährten zu und sagte: »Ist es nicht seltsam? Wir lassen uns von unsern Knechten bedienen. Sie decken uns für die Nacht warm zu. Sie besorgen unsere Tiere. Sie tragen unsere Lasten. Sie rennen hinter uns her und halten ihre Köpfe für uns hin. Dennoch haben sie nichts zu sagen. Woran liegt das?«

Und noch bevor die andern Könige darauf etwas erwidern konnten, rief er den einen Knecht zu sich und fragte ihn: »Kennst du diese Gegend?«

Der Knecht antwortete: »Ich wurde vor vielen Jahren als Kriegsgefangener durch die Gegend geschleppt. Ich schaute mich nach allen Seiten um, wie ich flüchten könnte. Es nützte mir zwar nichts, aber die Gegend ist in meinen Augen und Füßen haften geblieben.«

Der dritte König streckte ihm die Hand entgegen und sagte freundlich: »Ich danke dir für die Auskunft.« Dann sagte er zu seinen Gefährten: »Wir können weiterziehen. Dieser Mann führt uns zuverlässig.« Er stieg auf sein Kamel und befahl dem Knecht: »Geh voran und zeige uns den Weg. Und – ach ja, gib mir dein Gepäck. Auf meinem Tier ist genügend Platz dafür, seit ich das Gold dem Kind gegeben habe.«

Die zwei anderen Könige schüttelten den Kopf und flüsterten ihm zu: »Bedenkst du auch, was du da tust? Du stellst die Welt auf den Kopf!«

Der dritte König aber lächelte nur und sprach: »Welche Welt wird auf den Kopf gestellt, wenn man aufeinander hört und die Lasten anders verteilt?«

Dann zogen sie weiter, voran der Knecht und dann die Könige. Und es war, als ob zwischendrin auf dem dunklen Weg ein heller Glanz mitlaufen würde. So suchten sie gemeinsam den Weg.

Werner Reiser

Ein kleines Holzkruzifix am Mittelpfeiler macht (anachronistisch) die Passionssymbolik in diesem Bild des Rogier van der Weyden unübersehbar. »Und über deiner Krippe schon sehn wir dein Kreuz, o Gottessohn«, weiß Jochen Klepper. Und dieser Dichter schreibt in seinem Weihnachtskyrie auch die Zeilen: »Die Welt ist heut voll Freudenhall. Du aber liegst im armen Stall. Dein Urteilsspruch ist längst gefällt. Das Kreuz ist dir schon aufgestellt. Kyrie eleison.«

›Kyrie eleison‹, – ›Herr, erbarme dich‹: Eindringlich werden wir gemahnt, über der Geburt nicht den Kreuzestod zu vergessen.

Jahr für Jahr Geburt und Tod im Wechsel, das ist ein ›Immer wieder‹. Hermann Hesse hat es dichterisch eingefangen:

> Immer wieder wird er Mensch geboren,
> spricht zu frommen, spricht zu tauben Ohren,
> kommt uns nah und geht uns neu verloren.
>
> Immer wieder muß er einsam ragen,
> aller Menschen Not und Sehnsucht tragen.
> Immer wieder wird er neu ans Kreuz geschlagen.
>
> Immer wieder will sich Gott verbünden,
> will dem Menschen seinen Himmel künden,
> läßt ins Fleisch den Geist, den ewgen, münden.

Immer wieder haben Christen und andere die Chance, gleich dem alten König im Bild Rogiers van der Weyden, dem König, der die Hand des Neugeborenen zart mit den Lippen berührt, das Wunder der Geburt zu erfahren und daraus Kraft und Hoffnung zu gewinnen. Immer wieder nehmen wir, auch im Licht der Weihnacht – so wie über dem Kopf des Kindes –, das Kreuz wahr …

Aber keine ewige Wiederkehr des Gleichen! Immer wieder, das ist: immer anders – immer neu!

Rogier van der Weyden (1399–1464), Königsanbetung. Dreikönigsaltar aus St. Columba in Köln. Triptychon. Ausschnitt aus der Mitteltafel. Um 1455. München, Alte Pinakothek.

Textquellen:

S. 11   © Rudolf Otto Wiemer Erben, Hildesheim.

S. 22 f.; 75 ff.; 80 f. Rudolf Hagelstange, aus: *Es geschah zur Nacht. Mein Weihnachtsbuch,* Verlag Paul List, München, 1978, © Erbengemeinschaft Rudolf Hagelstange.

S. 36 ff.   Manfred Hausmann, *Das Hirtengespräch,* aus: ders., *Quartier bei Magelone. Erzählungen aus den Jahren 1935–55,* © S. Fischer Verlag GmbH, Frankfurt am Main, 1983.

S. 42   Dietmar Schröder, *Die Hirten sind noch unterwegs,* aus: Wolfgang Fietkau (Hg.), *Doch von oben kommt er nicht,* Peter Hammer Verlag, Wuppertal, 2000.
                 Dietrich Bonhoeffer, *Auch unsere Weihnachtsfeier…,* © Chr. Kaiser / Gütersloher Verlagshaus, Gütersloh.

S. 44 f.   Josef Reding, aus: ders., *Kein Platz in kostbaren Krippen. Weihnachtsgeschichten für unsere Zeit.* Erweiterte Neuausgabe 1995, © Verlag Butzon & Bercker, Kevelaer.

S. 46   Werner Bergengruen, *Die Hirten,* aus: *Figur und Schatten. Gedichte,* Arche Verlag, Zürich, 1958, © N. Luise Hackelsberger.

S. 50 f.; 54 f. Ernesto Cardenal, *Das Evangelium der Bauern von Solentiname,* aus dem Spanischen von Anneliese Schwarzer de Ruiz, Peter Hammer Verlag, Wuppertal, 1980.

S. 59   Klaus Berg, © Strube Verlag, München-Berlin.

S. 62   Werner Bergengruen, *Kaschubisches Weihnachtslied,* aus: *Gestern fuhr ich Fische fangen… 100 Gedichte.* Hrsg. von N. Luise Hackelsberger, © Arche Verlag AG, Raabe + Vitali, Zürich, 1992.

S. 67   Hans Jürgen Netz, *Finsternis bedeckt die Erde,* aus: *Das Licht einer Kerze,* 1991. Alle Rechte im Peter Janssens Musik Verlag, Telgte (Westfalen).

S. 84   Jochen Klepper, *Das Kirchenjahr,* Strophe 1,2, aus: ders., *Ziel der Zeit. Die gesammelten Gedichte,* Luther Verlag, Bielefeld, 2001.

S. 86   Manfred Hausmann, aus: ders., *Jahre des Lebens, Gedichte.* © Neukirchener Verlag, Neukirchen-Vluyn, 1974.

S. 92 f.   Werner Reiser, *Der Geburtstag von Adam und Eva,* Friedrich Reinhardt Verlag, Basel, 2. Aufl. 1984, © Werner Reiser.

Bildquellen:

S. 11; 18; 19   Haus Völker und Kulturen, Sankt Augustin.

S. 13   aus: Kinder erzählen die Weihnacht, hg. von Karl Heinz u. Hermine König, © Ernst Kaufmann Verlag, Lahr, 1965.

S. 23; 43   Makonde-Krippe des Ernest Chibanga, Johanniskirche, Lüneburg.

S. 57   Wang-Su-Ta, China 1946, Haus Völker und Kulturen, Sankt Augustin.